DIETER LOBENBRETT

LORIOT

BIOGRAPHIE

DIETER LOBENBRETT

LORIOT

BIOGRAPHIE

riva

Bibliografische Information der Deutschen Nationalbibliothek
Die Deutsche Nationalbibliothek verzeichnet diese Publikation in der Deutschen Nationalbibliografie. Detaillierte bibliografische Daten sind im Internet über https://dnb.de abrufbar.

Für Fragen und Anregungen
info@m-vg.de

Wichtiger Hinweis
Ausschließlich zum Zweck der besseren Lesbarkeit wurde auf eine genderspezifische Schreibweise sowie eine Mehrfachbezeichnung verzichtet. Alle personenbezogenen Bezeichnungen sind somit geschlechtsneutral zu verstehen.

4. Auflage 2024

Türkenstraße 89
80799 München
Tel.: 089 651285-0

Redaktion: Dr. Diane Zilliges
Umschlaggestaltung: Maria Wittek, München
Umschlagabbildung: action press / Manfred Laemmerer
Satz: HJR – Manfred Zech, Landsberg am Lech
Druck: CPI books GmbH, Leck
Printed in Germany

ISBN Print 978-3-7423-0733-0
ISBN E-Book (PDF) 978-3-86413-296-4
ISBN E-Book (E-pub) 978-3-86413-297-1

INHALT

1. Kindheit und frühe Jugend

November 1923

Es war schon ein seltsamer Sommer gewesen. Er folgte einem schwierigen Frühling und einem anstrengenden Winter. Noch absurder wirkte der Herbst. Zugleich aber aufregend.

In Berlin-Tempelhof eröffnete am 8. Oktober 1923 einer der ersten deutschen Verkehrsflughäfen, MAN entwickelt den ersten Lkw und am 29. Oktober ging der deutsche Rundfunk auf Sendung. Von 20 Uhr an sendete die »Gesellschaft Radiostunde« aus dem Berliner Vox-Haus die allererste Radiosendung. Die erste Bauhaus-Ausstellung in Weimar war gerade zu Ende gegangen. Und in Hannover ging seit Februar der grusli-ge Massenmörder Fritz Haarmann um. Es sollte noch Monate dauern, bis er gefasst wurde.

Die Republik, die den Namen der schönen Stadt Weimar trug und die mühsam aufgebaut wurde nach der Urkatastrophe des Ersten Weltkriegs, dessen Wunden erst ganz langsam abheilten, war gerade juvenile fünf Jahre alt. Und sie befand sich schon mitten in ihrer schlimmsten Krise. Die Besetzung des Ruhrgebietes durch Frankreich und Belgien und die desolate Wirtschaftslage würgten die junge Demokratie. Um den passiven Widerstand in Deutschlands Stahl- und Kohlezentrum zu finanzieren, wurde Geld gedruckt, bis die Maschinen rauchten. Das blieb nicht ohne Folgen.

Ein Kilo Brot kostete im Juni 1923 noch 1253 Mark, im September schon anderthalb Millionen und im November schließlich 470 Milliarden Mark. Ein Kilo Rindfleisch gar 5,6 Billionen, also 5600 Milliarden. Die Inflation galoppierte. Das Volk litt entsprechend. Es gab praktisch keine Mittelschicht mehr, denn einer Handvoll unermesslich Reicher stand die in Arbeitslosigkeit und Verarmung gerutschte Masse gegenüber. So gab es neben den erwähnten epochalen Ereignissen im Oktober auch einen kommunistischen Aufstand in Hamburg, einen Putschversuch der schwarzen Reichswehr, und im Rheinland riefen Separatisten die »Rheinische Republik« aus. Gustav Stresemann wurde Reichskanzler und schaffte es immerhin, ein wenig Stabilität ins Land zu bringen. Allerdings nur für kurze Zeit.

Richtig beängstigend wurde es im November. Am Morgen des 9. November, es war ein Freitag, stürmte dieser Verrückte mit seinen wild gewordenen Kumpanen in München die Feldherrenhalle und legte damit den Grundstein dafür, dass keine 20 Jahre später ein ganzes Volk am Abgrund stehen und ein komplettes Land verwüstet sein würde.

An ebendiesem 9. November saß Charlotte von Bülow in ihrer Wohnung in der Magdeburger Straße im sehr beschaulichen, von viel Grün und Wasser umgebenen Brandenburg an der Havel und wusste, dass es nicht mehr lange dauern würde, bis ihr erstes Kind zur Welt kommen wollte. Ein paar Tage noch, dann würde es so weit sein.

1. Kindheit und frühe Jugend

Derweil war 600 Kilometer südlich der Teufel los. Da zogen die Horden durch München, startend am Bürgerbräukeller, wo ein gewisser Göring, Hermann Göring, am Morgen noch eine Rede gehalten hatte. Und obwohl die geplante Machtübernahme am Vorabend so jämmerlich gescheitert war, grölten und feierten sie, sangen deutschnationale Lieder und verbreiteten Unbehagen. Der Zug endete erst am Odeonsplatz. Vor der Feldherrenhalle. Eine wilde Schießerei folgte den Tumulten und Handgemengen, es starben vier Polizisten und 16 Putschisten.

Das alles stand für die 24 Jahre alte Charlotte von Bülow, geborene von Roeder, in diesen Tagen an nachrangiger Stelle. Sie war vor allem froh, als am 12. November ihr erster Sohn Bernhard Victor Christoph-Carl gesund zur Welt kam. In einem Leserbrief an die *Frankfurter Allgemeine Zeitung* aus dem Jahr 1997 erklärte der mittlerweile gereifte Vicco, wie er ab seiner Geburt eigentlich nur noch genannt wurde, dass seine Eltern wohl nicht uneingeschränkt glücklich gewesen wären über die Ankunft des Sprösslings, da sie für Teile der Babyerstausstattung einen dreistelligen Milliardenbetrag bezahlen mussten. Heute ein Betrag, in dem sich Staatshaushalte bewegen.[1]

Exakt um 21.50 Uhr an diesem Montag wurde Victor geboren. Laut eigener Aussage war er 6 ¾ Pfund, also 3750 Gramm schwer und 50 Zentimeter groß. Ein ganz und gar durchschnittliches Kind also. Vorerst jedenfalls.

Das Leben in der Mark Brandenburg war in jenen Tagen recht beschaulich. Brandenburg war zwar ein quirliges Städtchen, aber den Menschen hier ging es besser als denen im nahen Berlin. Die geschundenen Hauptstädter lernten sie hier nur kennen, wenn diese zu Hamsterfahrten in die Gegend kamen. Die *Vossische Zeitung* aus Berlin widmete diesem Phänomen seinerzeit ganze Artikel. Im Reiseteil. Die Magdeburger Straße, an deren zentrumsnahem Anfang das Haus der von Bülows steht, lag etwas abseits, in den Zwanzigerjahren standen hier Alleebäume, und lediglich ab und zu ratterte eine gelbe Straßenbahn hindurch. Auf einer Postkarte aus der damaligen Zeit läuft gar ein Hund über die Straße, ganz behäbig, denn weit und breit ist kein Auto, kein Fuhrwerk zu sehen.

Wenig später beruhigte sich die Lage im Land. Der Verrückte wurde eingesperrt, am 15. November wurde die Rentenmark eingeführt. Der letzte Streich des Reichskanzlers Gustav Stresemann, denn am 23. November musste er zurücktreten. Man nahm ihm übel, dass er den Ruhrstreik beendet hatte. Am 30. Dezember 1923, am vorletzten Tag dieses schicksalhaften Jahres, wurde der sieben Wochen alte Vicco von Bülow schließlich in der St.-Gotthardt-Kirche in Brandenburg an der Havel getauft. Offenbar zusammen mit anderen brandenburgischen Jungbürgern. Zu diesem Ereignis erzählte er später, dass außer ihm im selben Gottesdienst noch ein kleines Mädchen getauft wurde, das bis zum Beginn der Zeremonie im selben Wagen mit ihm lag. Rückblickend wirft er sich augenzwinkernd vor, die Gelegenheit nicht genutzt zu haben und eventuell zarte Annäherungsversuche gewagt zu haben. Er schiebt dies unter anderem auf die damaligen prüden gesellschaftlichen Verhaltensnormen und bedauert, dass ihm im weiteren Leben von kirchlicher Seite nie wieder so ein Ball zugespielt wurde.[2]

Kindheit, Berlin und ein Todesfall

Dass er am 5. Juni 1924 den ersten Zahn bekam und schließlich im August, also mit knapp neun Monaten »Papa« und »Mama« sagen konnte, dass er seinen ersten Teddy vom Besitzer des Brandenburger Warenhauses Flakowski geschenkt bekam, ein weißes Ungetüm, das der kleine Vicco erst lange Zeit später überragen würde, das schrieb Vicco von Bülow in seiner gewitzten Biografie *Möpse und Menschen*.[3] Und dass ein Jahr nach ihm bereits sein Bruder Johann Albrecht von Bülow zur Welt kam.

Ansonsten erfährt man wenig über das Kind. Das ist sicherlich auch der Tatsache geschuldet, dass man an die ersten Lebensjahre gemeinhin wenige Erinnerungen hat. Seine erste Erinnerung hat er an eine rote Ziegelmauer einer Kaserne, die gegenüber seines Geburtshauses an der Magdeburger Straße stand. In einer Rede anlässlich der Verleihung der Ehrendoktorwürde durch die Uni Wuppertal beschrieb Vicco von Bülow noch 2001 die Kaserne, die seine Kindheit (angeblich) prägte. Diese Kasernenmauer hätte ihm nicht nur optisch als Anhaltspunkt gedient, sondern auch ganz konkret als Stütze bei den ersten, noch unsicheren Gehversuchen. Seitdem wären in seiner Erinnerung Kasernenmauern immer eng verwoben mit der Mutterbrust abgespeichert gewesen. Da er aber nicht nur die Kasernenmauer gut gesehen, sondern auch deutlich die Befehle und das Exerzieren auf dem Kasernenhof gehört hätte, wäre dies seine erste Begegnung mit der Macht der Sprache gewesen. Er hätte da zum ersten Mal bewundernd feststellen müssen, wie wenig an Artikulation genüge, um andere Menschen dazu zu bringen, sich synchron zu bewegen.[4]

Der weitläufige rostrote Gebäudekomplex steht noch heute, es sind das Arbeitsgericht, das Landesbehördenhaus und die Fachhochschule hier untergebracht. Damals tastete sich der junge Vicco gern an den Backsteinen entlang und beobachtete den Wachmann.

Der Mutter ging es gesundheitlich schlecht, weshalb der vierjährige Vicco und der dreijährige Johann Albrecht, stets »Brüderchen« genannt, zu ihrer Großmutter väterlicherseits, der 52 Jahre alten Margarete von Bülow, nach Berlin geschickt wurden. Die wohnte wiederum zusammen mit ihrer Mutter, Viccos Urgroßmutter, der sogenannten Doßoma. Beide Damen waren seit Längerem verwitwet.

In Wilmersdorf lebten sie anfangs in den beiden obersten Etagen der Pariser Straße 55, Ecke Fasanenstraße. Ganz in der Nähe hatte die Familie Weizsäcker gewohnt, die man damals natürlich noch nicht kannte.[5] Später zogen die vier ein

Stückchen weiter an den Hohenzollerndamm 12, an die Ecke zur Düsseldorfer Straße, einem stolzen Gründerzeithaus an der Hohenzollernstraße. Der Hohenzollernplatz war damals eine Flaniermeile des Großbürgertums, alte Fotos geben Zeugnis der verblichenen Pracht und lassen spüren, wie bürgerlich und behütet Vicco von Bülow aufwuchs. Das ganze Umfeld schien dem 19. Jahrhundert zu entstammen. Speziell die Bibel von Julius Schnorr von Carolsfeld, einem deutscher Maler der Romantik, der von 1794 bis 1872 lebte und wirkte, hatte ihren Einfluss auf den jungen Vicco. Sie prägte sein religiöses Bild und seine Vorstellung von Gott: Schnorrs Gott hatte ein wehendes Gewand und einen langen weißen Bart. Seine Bibelbilder wurden gern verkitscht und massenhaft vervielfältigt, seine Heiligendarstellungen prägten damit jedoch sehr viele Generationen.

Die beiden älteren Damen von Bülow prägten den jungen Vicco ebenfalls nachdrücklich. Nicht einfach hinsichtlich der Bildung und der Ansichten, sie vermittelten ihm eine bestimmte Atmosphäre. Noch Jahrzehnte später, als er längst schon am Starnberger See die längste Lebensspanne verbracht hatte, würde er dieses Berlin seiner Kindheit stets als seine Heimat bezeichnen. In seiner Arbeit und seinem Humor hinterließ die Atmosphäre des vorvergangenen Jahrhunderts ohnehin deutliche Spuren. Wann immer er künftig zum Zeichenstift griff, so floss das Interieur seiner Kindheit durch seine Gedanken. Dieses hatte ihn wohl sehr geprägt, denn er sagte später, dass er jedes Mal, wenn er ein Einrichtungsstück oder auch nur Teile davon zeichnen wollte, er immer wieder die Möbel aus der

Berliner Zeit im Geist vor sich sah.[6] Es bedurfte immer wieder einer gewissen Anstrengung und Überwindung, doch einmal ein anderes Bettmodell oder eine Variante eines Türknaufes zu entwerfen.

Diesen Hang zum Herkömmlichen und Traditionellen hat auch sein langjähriger Wegbegleiter, der Schriftsteller Wolfgang Hildesheimer, beobachtet, als er 1973 das soeben erschienene Buch *Loriots Heile Welt* rezensierte: »Loriots Requisiten entstammen meist den vierziger Jahren, das Auto (...) ist meist ein zeitloses Standardvehikel des Bilderbuches, die Lokomotive (...) ist von 1920. Aus den Schulranzen der Cognac trinkenden Göre hängt das Schwämmchen zum Abwischen der Schiefertafel. Hier gibt es noch Hörrohre, Haarknoten und das Haustier als Problem.«[7] Auch in seinem ersten Spielfilm *Ödipussi* von 1988 fühlte sich Vicco von Bülow in der nachträglichen Draufsicht an seine Kindheit erinnert. Erst nach einiger Zeit hätte er gemerkt, dass der Haushalt seiner Mutter im Film der Einrichtung seiner eigenen Großmutter und auch Urgroßmutter nicht unähnlich gewesen sei. Die beiden hätten seine Perspektive auf die Dinge doch nachhaltig geprägt.[8]

Heute ist der Platz vor dem Haus am Hohenzollerndamm zerschnitten von mehrspurigen Straßen. An den Baustellen rattern Maschinen, Teergestank wabert durch die Luft. Das Haus mit der Nummer 12 aber steht noch heute fast unverändert da, hat den Krieg im Gegensatz zu vielen Nachbargebäuden so unbeschadet überstanden wie auch die verkehrs- und betonwütigen Nachkriegsjahre. Das Treppenhaus riecht nach Bohnerwachs und die ausgetretenen Stiegen knarzen laut. Im Erdgeschoss ist ein Laden eingezogen, den sich der spätere Vicco, als er schon Loriot war, nicht besser hätte ausdenken können: Lammfromm & Vogel, ein edles Geschäft für Innenausstattung. Es scheint geradewegs einem seiner Sketche entsprungen.

Erst wenn man hinabsteigt in das sinistre U-Bahn-Gewölbe und den Verkehrslärm über sich zurücklässt, taucht man wieder in die damalige Welt ein. Wenig scheint sich hier verändert zu haben seit der Eröffnung des Bahnhofs am 12. Oktober 1913. Noch immer steht dort der nun fast 100 Jahre alte halbovale Fahrkartenkiosk in der Eingangshalle. Der schwere braun geflieste Keramiksockel der Wand wird fortgesetzt von grauvioletten Wandfliesen und oben abgeschlossen von braunen Kapitellen. Diese U-Bahn-Station war wie der ganze Hohenzollernplatz ein Spiel- und Tummelplatz des kleinen Vicco und seines »Brüderchens«.

Die ersten Berufswünsche glichen denen anderer Pimpfe. Vicco wollte Farmer in Afrika werden oder auch Milchmann. Dann nämlich könnte er mit einem Pferdewagen durch die Straßen fahren. Brüderchen und Vicco fuhren oft und gern mit, heimlich natürlich auf einem der zahlreichen Pferdewagen, die damals noch in Berlin unterwegs waren. Es waren gute Jahre. Für Vicco. Für Brüderchen. Aber auch für die junge Republik.

Bis 1929.

Gustav Stresemann starb am 3. Oktober des Jahres. Er hatte als Außenminister viel Gutes für die junge Demokratie und die Versöhnung mit Frankreich getan. Ein großes Unglück sei sein Tod, wird es später zu Recht heißen. Nicht wenige Historiker sind der Ansicht, dass sich mit ihm ein anderes Deutschland hätte entwickeln können. Nun brachen, nur 22 Tage später, am »Schwarzen Freitag«, auch die Finanzmärkte zusammen und an der Wall Street in New York wurde die Weltwirtschaftskrise ausgelöst. Der Boden für die nächste elementare Katastrophe des 20. Jahrhunderts war bereitet. Aber nicht deshalb war die glückliche Zeit auch für Vicco erst mal vorbei. Auch nicht allein, weil sich die Eltern am 26. Juli 1928 scheiden ließen, nachdem sie sich schon 1927 getrennt hatten.

Doch 1929 starb auch Viccos Mutter Charlotte. Im Alter von nur dreißig Jahren. Dem Fünfjährigen wurde ein Teil des Herzens entrissen, auch wenn er seine Mutter kaum kennenlernen durfte – er habe nicht viele, aber doch deutliche Erinnerungen an sie, sagte er einmal.[9]

Dennoch spürte er auch lange später ihren Einfluss respektive den ihres Vaters Otto von Roeder, der seine Tochter um 14 Jahre überleben sollte. Auch in seinem Humor tauchte er sein Leben lang auf. Loriots Großvater mütterlicherseits war Kommandeur in der Armee und verkehrte im engsten Kreis um den Kaiser, den er angeblich geistreich unterhalten musste. Es schien für Loriot also vorgezeichnet, einen ausgezeichneten Sinn für Unterhaltung und geistreichen Humor zu entwickeln.[10]

Die andere »Seite« war natürlich sein Vater, der Polizeimajor Johann-Albrecht von Bülow, ein überaus preußisch diszipliniierter, aber offensichtlich auch sehr gewitzter Mann.

Johann-Albrecht von Bülow, Vater, Preusse und Offizier

Der Vater war streng, preußisch-blaublütig, er erzog den jungen Halbwaisen zur Sparsamkeit. Vicco von Bülow beschrieb den Vater als »sehr religiös, ein großer Moralist, ein sehr guter Pädagoge«.[11] Eigenschaften, in denen sich unschwer die Basis für Loriots späteren Humor erkennen lässt. Ein Humor, der dezent ist, der Grenzen hat, der deshalb angenehm leise wirkt und nie verletzend. Diese Grenzen lernte der jungen Vicco schnell: Seine religiöse Überzeugung beispielsweise sollte nie in die Nähe eines Witzes gebracht werden. Er charakterisierte seinen Vater im Prinzip als einen perfekten Vater, der – auch wenn er streng war – vor allem auch über unglaublichen Humor verfügte. Er blieb für Loriot immer Vorbild und Leitfigur, an dem er sich orientierte und an dessen Urteil und Meinung er seine eigenen Entscheidungen maß und traf.[12] 1972 starb der Vater im Alter von 73 Jahren und selbst auf dem Sterbebett verließ ihn sein Humor nicht. Seine Gattin Romi fing an zu sprechen: »Ich kann mir gar nicht vorstellen ...«, worauf sie der Sterbende unterbrach und witzelte: »Du brauchst dir ja nich vorstellen, ick kenn dir ja schon.«[13]

Doch zurück in die Kindheit: Die Erziehung seiner beiden Söhne übernahm Johann-Albrecht von Bülow erst wieder im Herbst 1933, als der zehn Jahre alte Vicco und der neun Jahre alte Johann Albrecht junior die Wohnung der Großmütter am Hohenzollerndamm verließen. Alleinerziehende Väter, noch dazu im Range eines Offiziers, waren seinerzeit undenkbar. Aber bereits ein Jahr zuvor hatte Johann-Albrecht von Bülow wieder geheiratet: Annemarie Ehrhorn, mit der sich Vicco sehr gut verstand und die es den Kindern ermöglichte, nun auch wieder beim Vater zu leben. Annemarie wuchs bald in die Mutterrolle hinein und die beiden Söhne akzeptierten sie auch als solche.

Die kleine Familie zog nach Berlin-Zehlendorf in eine bescheidene Genossenschaftswohnung. Was Vicco und Brüderchen nicht besonders glücklich machte. Was für Loriot ein besondere Rolle spielte, war die Tatsache, dass er größtenteils von seiner Großmutter erzogen wurde. Die Tatsache, dass er bei einer deutlich älteren Frau aufwuchs, als es Mütter normalerweise sind, war aber sehr von Vorteil für ihn. Er genoss es sehr, ausführlich mit seiner außerordentlich gebildeten Großmutter, die im Gegensatz zu gestressten Müttern auch noch über viel Zeit für ihre Enkel verfügte, sein Lieblingsbuch *Kürschners Konversationslexikon für gebildete Stände* zu studieren und sie mit Fragen zu Artikeln und den abgebildeten Personen zu löchern. Und so zum Beispiel auch ganz nebenbei eine der kindlichen Auffassungsgabe angepasste Version der Französischen Revolution von der Großmutter zu hören.[14]

Gefühle spielten – wie seinerzeit üblich – eine untergeordnete Rolle. Viccos Vater verlangte, dass seine Söhne ihre Emotionen stets unter Kontrolle hielten. Wie es sich für Angehörige einer preußischen Adelsfamilie ziemte, wie es sich gehörte für Männer. »Männer küssen sich nicht«, sagte Vater von Bülow und verbot seinen Söhnen, ihm derartig ihre Liebe zu bekunden. Vicco von Bülow gestand später, von dieser distanzierten Erziehung geprägt worden zu sein, was es ihm zeitlebens stets erschwerte, seine Gefühle zu zeigen. Auch die urpreußische Disziplin, die seine Arbeit und seinen Humor prägten, bekam er vom Vater mit. Wenngleich Vicco von Bülow selbst immer das Wort »Disziplin« lieber durch »Selbstbeherrschung« ersetzt wissen wollte, das klinge weniger militärisch. Der Vater war so einerseits streng und genau – nie sah der Sohn ihn etwa ohne Krawatte oder gar in Badehose – und zugleich war er voller Humor und Selbstironie.

Der korrekte, etwas spießige Johann-Albrecht gab so einen veritablen Gegenpol zu seinem Bruder ab, Onkel Carli, geboren 1905, den Vicco von Bülow Jahrzehnte später sogar in seinem Buch *Möpse und Menschen* nebst dem kleinen Vicco in Badehose via Fotografie präsentierte. Aus dieser Zeit stammte auch die erste nichtmütterliche Berührung mit dem weiblichen Geschlecht. Zart und gehemmt, wie es sich für Alter und Zeit gehörte. Nach dem ersten Schuljahr kam Vicco zu einer Kindererholung an die Ostsee. Das prägende Erlebnis dort schrieb er mehr als 60 Jahre später in einem Zeitschriftenartikel nieder. In dem Artikel beschrieb er, dass er, da er ohne Schwestern aufgewachsen war und zudem noch eine reine Jungenschule besuchte, was das andere Geschlecht betraf, weitgehend ahnungslos war. Der Zufall wollte es aber, dass ein Mädchen, das ebenfalls in dem Erholungsheim untergebracht war, nicht schnell genug ihren Bademantel schloss, nachdem sie die nasse Badehose ausgezogen hatte und er einen so günstig gelegenen Platz am Strand hatte, dass er auf diese Weise erste Kenntnisse der weilblichen Anatomie erlangte.[15]

Onkel Carli scheint in der Erziehung des kleinen Vicco für das humorige Laisser faire zuständig gewesen zu sein, für die Attitüde des Bonvivants, als der der gute Carli zeitlebens verschrien (und heimlich beneidet) war. An ihm konnte man, wie Vicco von Bülow es später beschrieb, das Fluidum sündhafter Lebenslust erspüren. Dazu trug auch Carlis wohl recht gutes Aussehen einiges bei, das sich in gewisser Eitelkeit schon recht früh zeigte. Immer wenn seine Mutter, also Viccos Großmutter, am Weihnachtsabend »Stille Nacht« anstimmte, wartete er nur darauf, bis sie zur Zeile »Holder Knabe im lockigen Haar« kam, um dann geflissentlich auf sein eigenes gelocktes Haupthaar zu zeigen.[16] Das gute Aussehen verhalf ihm selbstredend zu einem gewissen Erfolg bei den Frauen.

Gleichermaßen hatten sich auch der Optimismus und die Gelassenheit zumindest in Grundzügen von Onkel Carli auf den kleinen Vicco übertragen. Von ihm meinte er auch die wertvolle Eigenschaft übernommen zu haben, selbst kleinen Niederlagen und Rückschlägen eine angenehme Seite abzugewinnen.

Aber auch Vater Johann-Albrecht sorgte für Amüsement und verankerte im Kopf des jungen Vicco Szenen, aus den er später und viel später noch schöpfen sollte. Bei Einladungen führte er selbst gerne kleine Szenen oder Sketche auf, rezitierte Gedichte o. ä.– und gab dabei alles. Den Kindern war das wohl immer etwas unangenehm, aber so machte man das halt zu Zeiten, die vor der Ära von Radio oder Fernsehen lagen, um sich zu amüsieren und den Abend zu verbringen. Ein Erlebnis blieb Loriot wohl nachhaltig in Erinnerung, nämlich als sein Vater ein dramatisches Gedicht zum Besten gab und dabei – dem dramatischen Inhalt angemessen – theaterreif in Tränen ausbrach. Dabei fiel er auf die Knie und suchte weinend Trost bei einer der anwesenden Damen, die tatsächlich glaubte, dass sein Herzeleid echt sei und ihn beruhigen wollte. Diese Szene blieb Loriot im Gedächtnis, weil sie zeigte, dass Menschen oft ganz besonders ulkig sind, wenn sie eigentlich seriös sein wollen.[17]

Erste Schreibversuche

Weit weniger vertreten war die Pointiertheit späterer Tage in den ersten schriftlichen Zeugnissen seines Lebens. In seinem Buch *Möpse und Menschen* präsentierte Vicco von Bülow zwei schriftliche Dokumente aus seiner Kindheit, die auch hier nicht unerwähnt bleiben sollen. Da ist zum einen das Zeugnis vom 30. September 1930, also des fast Siebenjährigen aus der 4. Volksschule in der Nachodstraße 17 in Wilmersdorf, der heutigen Johann-Peter-Hebel-Schule. In feinstem Sütterlin steht dort auf grau vergilbtem Papier: »Bernhard Victor weist bei sehr gutem Betragen gute Leistungen auf. Er ist fleißig, handgeschickt und kann im Unterricht denkend mitarbeiten, nur zuweilen macht sich eine gewisse Versonnenheit bemerkbar, die wohl, wie überhaupt seine etwas weniger elastische Art, in körperlicher Konstitution begründet sein mag. Sein Ausdruck ist entsprechend, doch gewandt.«[18]

Dazu bemerkte der hoch geachtete Literaturkritiker Joachim Kaiser sehr viel später: »Fabelhaft, die einfühlsame pädagogische Kultur im alten Preußen von 1930! Ob nicht gerade die hier hervorgehobene Versonnenheit all die Zwischentöne und delikaten Dimensionen erzeugte, mit denen Loriot später so viel bewirkte?«[19]

Auch in Sachen Filmkunst, die erst über 50 Jahre später sein großes Thema werden sollte, wurde der kleine Vicco in dieser Zeit geprägt. Sein erster Kinobesuch 1932 war der des Films *Emil und die Detektive* nach dem Roman von Erich Kästner und dem Drehbuch von Billy Wilder. Also gleich mal zwei der ganz Großen in ihrem Fach. Man muss sich den kleinen Vicco als ein Kind vorstellen, das kaum den damals gängigen modischen Idealen entsprach: Mit langen Baumwollstrümpfen unter kurzen Hosen und den seinerzeit auch bei Jungen üblichen

Strumpfhaltern an einem Knöpfleibchen, dazu Schnürstiefel. Im Film sah er nun, wie die Jungen seines Alters schicke Kniestrümpfe anhatten und darüber auch kein Knöpfleibchen trugen – und musste fortan mit diesem Komplex leben.

Noch mehr beeindruckte ihn aber Cineastisches, etwa die Filmszene, als dem kleinen Emil ein zwielichtiger Mensch im Bahnabteil gegenübersitzt, das Gesicht hinter einer Zeitung verborgen, durch die seine Augen plötzlich hindurchscheinen. Sein Erschrecken darüber machte später dem Gefühl Platz, genau hier eine Metapher für die Wirkungsweise Erich Kästners gesehen zu haben. Auch durch das Werk des großen sächsischen Schriftstellers und Dichters mochte der jugendliche Vicco eine weitere Prägung seines späteren Humors erfahren haben, denn wie sein Vater war auch Kästner Jahrgang 1899, und so sah Vicco von Bülow Ähnlichkeiten: Auch ihm sei diese Art Ironie nicht fremd, die daraus entsteht, dass man sich der eigenen Nicht-Perfektion sehr bewusst ist.[20]

Eine berufliche Perspektive bot ihm das Schreiben in der Kindheit noch ganz und gar nicht. Der Knabe Bülow hatte weiterhin altersgerechte Vorstellungen von möglichen beruflichen Feldern. Erstmals habe er sich im Alter von fünf Jahren dahingehend geäußert, als nämlich seine Tante Olga zu Besuch kam, ganz tantenhaft die zartgliedrigen Finger des kleinen Vicco betrachtete, diesen kompetent in Augenschein nahm[21] und ihn fragte, ob er Pianist werden wollte. Der junge Vicco verneinte energisch und wohl so kindlich-brüsk, dass die gute Tante Olga offenbar nachhaltig verstört zurückblieb. Er sagte seiner

Tante, er hätte sich bereits entschieden, sich beruflich eher in der Landwirtschaft oder im Straßenbau beziehungsweise ähnlichen Feldern zu betätigen. In späteren Jahren erschien ihm diese Aussage vorschnell, denn schließlich sei Pianist ein schöner Beruf und man hätte weniger mit den Widrigkeiten des Wetters zu kämpfen.[22]

Über dem Sofa der Großmutter hing ein großer Schinken, der in martialischer Weise den Tod von Prinz Louis Ferdinand am 10. Oktober 1806 in der Schlacht bei Saalfeld abbildete. Das beeindruckte den Knaben so sehr, dass er oft versuchte, das Geschehen nachzustellen. Als wackeres Pferd diente die Sofalehne, die Schlacht wurde wieder einmal dramatisch, als er schließlich nach hinten »aus dem Sattel« fiel und mit dem Kopf aufschlug. Zum Glück ohne weitere Folgen. Ein weiteres Gemälde zeigte den Untergang eines Kriegsschiffes im Skagerrak. Der Wunsch, Matrose zu werden, tauchte wohl deswegen auch einmal auf – und genauso schnell wieder ab.

Aber die Kunst blieb die Liebe des jungen Vicco. 1935, im Alter von zwölf Jahren, entdeckte er die Oper für sich. Da hatte er sich einer Blinddarmoperation unterziehen müssen. Zur Belohnung für seine Tapferkeit wünschte er sich nichts anderes, als in die Oper zu gehen.

1. Kindheit und frühe Jugend

Stuttgart und das Notabitur

Nicht weit vom väterlichen Häuschen in der Zehlendorfer Radtkestraße entfernt lag seine Schule, das Humanistische Gymnasium Zehlendorf, das er von 1934 bis 1938 besuchte. Vicco ging jeden Tag durch die Unterführung hindurch in die Schule. Seine schulischen Erfolge in Mathematik und Griechisch seien nicht überbordend gut gewesen, allerdings wäre er nahezu genial in Deutsch, Zeichnen und Leibesertüchtigung gewesen[23], schrieb der erwachsene Vicco von Bülow später selbst einmal über diese Zeit. Dass er in Deutsch und Zeichnen außerordentlich gut war, sollte man später noch bundesweit überprüfen können. Dass er aber auch ein guter Sportler war, verschwieg er meist bescheiden. Die Leichtathletik war sein bevorzugter Bereich in der Schule, aber durch den Krieg konnte er diese Neigung nicht lange ausleben. In der Tat nahm er zuvor aber an vielen Sportfesten teil und wurde sogar Gebiets-Jugend-Fünfkampf-Meister von Berlin.

Sein Vater fuhr jeden Tag mit dem Rad zur Arbeit. Eines Tages, es war im Olympia-Jahr 1936, bremste er an der Ecke zur Machnower Straße nicht rechtzeitig, sein Degen, den er sich ordentlich umgeschnallt hatte, geriet in die Speichen, er stürzte – und dann kam auch noch ein Lastwagen. Johann-Albrecht von Bülow überlebte den schlimmen Unfall, aber den Polizeidienst musste er quittieren. Er wechselte in die Privatwirtschaft, wo er fortan in leitender Funktion tätig war. Zwei Jahre später zog die vierköpfige Familie von Bülow nach Stuttgart um. Vicco war nunmehr fast 15, alt genug, um die politischen

Verhältnisse, die sich seit einigen Jahren in Deutschland breitgemacht hatten, zu verstehen.

Am 9. November 1938 zerbrach mit vielen Fensterscheiben auch sein Bild vom alten Deutschland. Nach dieser »Reichskristallnacht« ging Vicco – zwei Tage vor seinem 15. Geburtstag – mit Freunden durch die Königstraße in Stuttgart und war fassungslos über das, was er da sah und hörte, entsetzt darüber, dass niemand etwas unternahm. Und er verstand nicht, warum ihn ein Passant mit verängstigter Miene warnte, er solle doch »die Klappe halten«, als er empört protestierte. Vicco von Bülow war damals im Jungvolk, wie so viele seiner Mitschüler. Den Weg zur Schule musste er zu Fuß gehen, denn das Geld für die Straßenbahn hatte die Familie nicht. Sie wohnte am Eugensplatz und von dort durchquerte er mit zwei oder drei anderen Jungs täglich nahezu die ganze Stadt, um zum Gymnasium zu gelangen. Das Ausmaß der Zerstörung und der gebrandschatzten Geschäfte schockierte ihn zutiefst. Noch mehr bestürzt war er jedoch von der Tatenlosigkeit der Bevölkerung, die alles ohne Widerrede hinnahm und mit ansah.[24]

Die – modern gesagt – Teenager-Jahre in Stuttgart waren bis zu dieser Zeit unbeschwert gewesen. Als Opernliebhaber mit Leib und Seele verdingte er sich als Statist an der Staatsoper, übte sich darin, Shakespeare zu rezitieren, las, was ihm unter die Finger kam, testete seine Wirkung auf Mädchen, genoss einfach das Leben als junger Kerl, bis er letztendlich 1941 die Schule beendete – auf die er ebenfalls gerne gegangen war.[25]

An der Oper sammelte er nicht nur erste Bühnenerfahrung, sondern auch schon erste Beispiele für das, was seine Geschichten und Sketche später so unverwechselbar machten. Das Scheitern im Kleinen und am Kleinen. Er gab so einmal einen textlosen Krieger in *Aida* und beobachtete Komisches: Vier Darsteller mussten Radames in einer Szene auf die Bühne tragen – als Schwarze. Da die dunkle Schminke recht schwer wieder zu entfernen war, dachten sie sich eines Abends, dass es doch reichen müsste, wenn sie nur die dem Publikum zugewandte Seite anmalten. Was sie allerdings nicht einkalkuliert hatten, war, dass sie den Hauptdarsteller ja in der Mitte der Bühne auch absetzen und dabei das Gesicht zum Publikum drehen mussten. Eine ausgesprochen köstliche Situation, allerdings nicht nur lustig. Vicco von Bülow bekam auch im Gelächter des Opernpublikums mit, was passieren kann, wenn man nicht bis ins kleinste Detail um Perfektion bemüht ist, sondern an vermeintlich unwichtigen Details schludert. Er selbst versuchte es immer besser zu machen. Auch wenn er nur Statist war, so führte er doch darüber genau Buch, etwa über seine sieben Auftritte in *Die Flucht ins Glück* von Nico Dostal, eine Operette, die 1940 in Stuttgart uraufgeführt wurde. Oder die drei Auftritte im *Troubadour* von Giuseppe Verdi. Auch fertigte er genaue Skizzen der Kostüme an, die er trug.

Als Statist – er gab einen Pagen am Hof Herzogs Karl von Württemberg – wirkte er auch im Kostümfilm *Triumph eines Genies* mit, in dem unter anderen auch die seinerzeitigen Superstars Heinrich George und Lil Dagover mitspielten. In dem Film wurde das Leben Schillers nachgezeichnet. Dass es später mal sein Beruf sein könnte, darzustellen und zu unterhalten, das wäre dem jungen Vicco damals nie in den Sinn gekommen.

Sein Stuttgarter Eberhard-Ludwigs-Gymnasium, damals an der Holzgartenstraße in einem 1903 eingeweihten Neubau angesiedelt, besaß einen hervorragenden Ruf. Bereits 1686 wurde es vom Herzog-Administrator Friedrich Karl gegründet. Die Liste der Ehemaligen ist eindrucksvoll. Der Lyriker Eduard Mörike zählt dazu, der Verleger Johann Friedrich Cotta, der Philosoph Georg Wilhelm Friedrich Hegel und nicht zuletzt Claus Schenk Graf von Stauffenberg, Widerstandskämpfer und zentrale Figur des 20. Juli 1944. Namen, die für das standen, was auch von Bülows letzter Klassenlehrer verkörperte: Preußische Disziplin, eingebettet in Humanismus, das war der Geist, in dem Vicco von Bülow erwachsen wurde. An den genau das verkörpernden Klassenlehrer Rudolf Griesinger erinnerte er sich voller Respekt auch weit über die Schulzeit hinaus. Er war sein Griechisch- und Deutschlehrer und äußerte sich vor seinen Schülern außergewöhnlich mutig über Hitler, Goebbels und Göring. Die Abiturienten trafen sich mit dem Pädagogen sogar in dessen Wohnung und absolvierten freiwillig in ihrer Freizeit Unterricht in philosophischen Fragen. Griesinger war bereits Schulleiter gewesen, wurde dann aber von den Nazis zurückgestuft. Dennoch ließ er sich seine eigenen Gedanken nicht nehmen. Vicco von Bülow schätzte den Lehrer als wahren Humanisten, weil er sich seine eigene Meinung bewahrte und es ihm gelang, diese auch weiterzuvermitteln, ohne sich aber nach außen angreifbar zu machen. Er sprach über historische Ereignisse und Zusammenhänge, die Jungs wussten aber dennoch, worum es ihm wirklich ging. Vicco von Bülow war dem Lehrer sehr dankbar für diese pädagogische Leistung.[26]

Die entfesselten Primaner gingen auch schon mal abends auf einen Friedhof und lasen gemeinsam, an Kreuze gelehnt und auf Grabsteinen hockend, aus den *Metamorphosen* des römischen Dichters Ovid, aus den »Büchern der Verwandlung«. Mittendrin immer Vicco von Bülow, stark fasziniert von den alten Versen und den humanistischen Idealen. Es war der Herbst des Jahres 1941. Die deutschen Truppen hatten im Juli die Sowjetunion angegriffen, im Juli beschloss man die »Endlösung der Judenfrage«. In Auschwitz begann eines der größten der Verbrechen der Menschheit mit ersten Vergasungen von Juden.

An einem Tag stürmte plötzlich eine Horde der SS die Abiturientenklasse und durchsuchte die Räumlichkeiten nach belastendem Material. Spätestens zu diesem Zeitpunkt begriffen Vicco von Bülow und seine Mitschüler, was in Deutschland passierte. Er sagte selbst später, dass er und seine Freunde Lichtjahre entfernt und völlig unbefleckt waren von der Nazi-Ideologie.[27]

Wie weltfremd er agierte, zeigt die Geschichte einer Ohrfeige, die Vicco von seinem Vater verpasst bekam. Er bekam nicht viele. Diese aber hatte ihre Berechtigung. Eines Abends kam der junge Vicco nach Hause, ging arglos ins Wohnzimmer und sah, wie sein Vater, just als er den Raum betrat, den Radioknopf hektisch weiterdrehte. Vicco dachte sich nichts Böses, sagte nur: »Na, Vadder, hörste wieder London?«, und hatte sich im selben Moment schon die Ohrfeige eingefangen. Zuerst verstand der Junge nicht, doch der Hintergrund war ernst. Hätte er in der Schule oder anderswo in der Öffentlichkeit ebenso flapsig und beiläufig erwähnt, dass sein Vater heimlich Sender der »Feinde« hörte, es hätte schlimme Folgen haben können.

Im März 1942 machten die aus ihrer humanistischen Traumwelt Gerissenen ihr Notabitur. Auf eine schriftliche Prüfung wurde verzichtet, ein »Reifevermerk« im Zeugnis musste genügen. Es gab natürlich auch keinerlei Feierlichkeiten oder gar Vorfreude auf den aufregenden neuen Lebensabschnitt. Stattdessen den Einberufungsbefehl. Schon Wochen später wurde Vicco von Bülow, noch keine 19 Jahre alt, an die Ostfront geschickt. Zum ersten Mal hatte er richtig Angst, weil ihm klar wurde, dass dies auf jeden Fall das Ende seiner Kindheit bedeutete, unter Umständen sogar das Ende seines Lebens.[28]

Im Felde

1942 war wohl das Jahr, in dem Hitler-Deutschland den Krieg verlor. Mitten hinein in diesen Umschwung von der Euphorie zur Ernüchterung, der in den folgenden drei Jahren das totale Inferno folgen sollte, musste Vicco von Bülow an der Ostfront antreten. Im Panzergrenadierregiment 3, das im Juli 1942 aufgestellt wurde, wurde er Oberleutnant. Irgendwie selbstverständlich für ihn, der ja aus einer Offiziersfamilie kam.

Man schickte ihn in den Kaukasus, in die Ukraine. Ende Juli befahl Hitler parallel zum Angriff auf Stalingrad die Kaukasus-Offensive als Teil des »Falles Blau«, es ging um die Ostküste des Schwarzen Meeres und die Ölfelder um Baku. »Operation Edelweiß« hieß das Ganze reichlich euphemistisch, es war ein grausamer Feldzug. Wenn auch nicht so tödlich und erbarmungslos wie ein paar Hundert Kilometer nördlich der zweite Teil der Operation, der Angriff auf die Industriemetropole Stalingrad, der Vicco von Bülow immerhin erspart blieb.

Vicco von Bülow, der preußische Adlige, trat den Nazis mit Hochmut und einem Gefühl der Überlegenheit gegenüber. Trotzdem fand er nichts dabei, an ihrer Seite in den Krieg zu ziehen. Damals sah er die Dinge nicht so klar, eigentlich eher »schizophren«, wie er später sagte.[29] Marion Gräfin Dönhoff, die gebürtige Ostpreußin und spätere Chefredakteurin der *Zeit*, erläuterte 1993 in einer Laudatio auf Loriot den feinen Unterschied: »Und daß die Nazis, die dann kamen, keine Preußen waren, das wird schon daran deutlich, daß unter den zehn ersten führenden Nationalsozialisten kein einziger Preuße war, dagegen sind 75 Prozent der nach dem 20. Juli 1944 Hingerichteten Preußen gewesen.«[30] Vicco von Bülow selbst stellte nachdrücklich heraus, dass Preußen nicht immer nur platt als Synonym für Militarismus und blinden Gehorsam verwendet werden dürfe, sondern vielmehr die Wiege so charaktervoller und gebildeter Männer wie Humboldt, Kleist und der federführenden Offiziere des Hitler-Attentats vom 20. Juli 1944 war.[31]

Auf den Hitlergruß verzichteten sie, sie grüßten mit der Hand an der Mütze, was sie stolz machte – doch eine Scham sollte bleiben, wie er bekannte. Um das, was ihm für drei lange Jahre bevorstand, physisch und psychisch zu verarbeiten, legte er sich eine ganz spezielle Sichtweise zu: Er sah im Krieg eine Art Abenteuerausflug. Er war der Meinung, dass man selbst zum Krieg – wenn man ihm schon nicht entkommen konnte – eine pragmatische Haltung haben sollte und empfahl, dass man ihn sich als lebensnahes Abenteuer im Wilden Westen vorstellen sollte. Der Gewinner ist derjenige, der als erster schießt.[32]

Anfangs war der Krieg also ein Abenteuer, der zudem Vicco von Bülow die beeindruckende erste Begegnung mit Kamelen brachte, ein Ereignis, das er später gern und oft erzählte. Zumindest war der Krieg etwas, was man als notwendiges Unternehmen betrachtete. Vicco von Bülow war nicht gern Soldat, aber er hielt es für notwendig, sein Land zu verteidigen, und konnte sich damals nicht als Helfershelfer der Nazi-Verbrecher sehen.[33] Reflektiert wurde noch sehr wenig, die Zeit schulte ihre Kinder nicht entsprechend und mit kaum 20 Jahren ist derlei Durchblick wohl auch heute noch sehr viel verlangt. Wie er den Tod seiner Mutter damals als schlichtweg gegeben ansah, so tat er es auch mit den Nazis und dem Krieg.

In der Retrospektive machte Loriot nicht in erster Linie der Krieg selbst Kummer, sondern vor allem das Bewusstsein, all die Erlebnisse letzten Endes geduldet zu haben. Auch verfolgte ihn zeitlebens, dass er im Schützengraben durch die rutschende Hand eines toten Kameraden im Schlafen gestört wurde.[34]

Auch sein Frauenbild erlitt in jener Zeit einen ersten Schaden. Als er nämlich einem russischen Frauenregiment gegenüberstand, musste er akzeptieren, dass die grausame Situation eines Krieges die Frauen genauso verroht wie die Männer. Sie verstümmelten ihre Gegner, wo sie ihrer habhaft werden konnten. So grausam, wie es der junge Vicco sonst nirgends miterleben musste.

In all der absurden Grausamkeit, viele Tausend Kilometer weg von zu Hause, half ihm mitunter nur sein Humor. Wenngleich der Krieg natürlich die furchtbarste Erfahrung des Lebens bleiben sollte. Aber es wurde auch an der Ostfront gelacht. Der Alltag ist eben immer auch ein Teil des Ganzen, und der ist nicht nur schrecklich. Dann konnte er später resümieren, dass er während seiner ganzen Militärzeit immer komplett verlaust war. Es gibt die Anekdote, dass er als Offizier einen ihm zugeteilten, neuangekommenen Soldaten fragte, ob dieser schon einmal eine Laus gesehen habe. Als der Soldat dies bestritt, soll Loriot eine Laus direkt aus seinem eigenen Hemd gezogen haben und dem Neuankömmling gesagt haben, dass dies eine Laus sei und sehr viel mehr Tiere dieser Art ihn von nun an begleiten würden.[35]

»Man war sehr allein«, sollte er sehr viel später in einem anderen Interview sagen. Ein Satz, der viel mehr Schweres anklingen lässt, als diese vier Worte ausdrücken können. Die Rettung war nur die Besinnung auf alte stabile Werte, wie er sie aus dem Wohnzimmer seiner Großmutter kannte. Und so stellte die *Welt am Sonntag* beinahe zwangsläufig einen

Zusammenhang zwischen dem Krieg und all dem, was danach kam, her: »Vicco von Bülow immerhin hat eine Rüstung. Er ist gewappnet gegen den Schrecken. Er zitiert Monologe. Er singt Tristan, Wotan. Er ist sehr textsicher, zitiert in der grausligen neuen Welt den Glanz der alten Welt herbei. Und überlebt. (...) Was ihm mitgegeben wurde, wo er hineingewachsen ist, das kulturelle, das deutsche Erbe, das hatte sich im Krieg bewährt als Überlebensmittel gegen die Barbarei. Das behält er, das trägt er mit sich, das gibt er weiter. Und so ist es das 19. Jahrhundert, (...) aus dem sich vielleicht das Phänomen Loriot erklärt. Wie verjagt wirkt der Biedermeiersammler vom Starnberger See nämlich manchmal in den Interviews, als sei er geradewegs durch ein Zeitloch gefallen: ein Entlaufener des 19. Jahrhunderts, ein Übriggebliebener. Einer der letzten Brückenköpfe zu einem verlorenen bürgerlichen Zeitalter. Und von dessen geistigen Ufern aus betrachtet er seine Welt, die Gegenwart der Bundesrepublik. Diese Entfernung macht es ihm möglich, genau hinzusehen. Aus der Distanz, aus der Reibung zwischen seinen beiden geistigen Welten wächst seine Art von Komik.«[36]

2. Die Familie von Bülow

Durch die Jahrhunderte

Auch wenn ihm *Stern*-Chef Henri Nannen einst vorwarf, durch Verwendung des Pseudonyms »Loriot« keine Schande über seine ehrwürdige Familie bringen zu wollen – geheim gehalten hat Vicco von Bülow seine Zugehörigkeit zu einer der bekanntesten deutschen Adelsfamilien nie. Warum auch? Bis auf wenige Ausnahmen hat sich unter diesem Namen eine höchst interessante Ahnengalerie versammelt. Es gab seit dem Zweiten Weltkrieg regelmäßige Familientreffen, bei denen auch Vicco von Bülow gelegentlicher Gast war. Aus seiner Familie traten zuletzt beispielsweise hervor der Politiker Andreas von Bülow als Bundesminister für Forschung und Technologie (1980 bis 1982) im Kabinett von Helmut Schmidt oder der 1972 geborene Johann von Bülow, der als Schauspieler in zahlreichen Fernsehproduktionen mitwirkte und mittlerweile ein »bekanntes Gesicht« ist. Sie sind bislang die letzten in einer mehr als illustren Reihe derer von Bülow.

Man schrieb das Jahr 1154, als die Familie Bülow erstmals urkundlich erwähnt wurde. Heinrich der Löwe gründete die Bistümer Ratzeburg, Lübeck und Schwerin, und da im Bistum Ratzeburg namentlich dem Bischof das Zehntrecht zustand, wurde auch eine Liste aller Güterbesitzer angelegt, die den Zehnten von ihren Bauern an den Bischof oder Landesherren abzuführen hatten. Die Gutsherren selbst erhielten ein Drittel des Zehnten.

In diesem Register nun findet sich der Eintrag: »In parocia Rene XXIV (B)ulovve Godofridus II ...«, was heißt, dass es im Kirchsprengel Rehna, im Ort Bülow (Bulovve) 24 Höfe/Landstücke gab, wovon zwei dem Gottfried (Godofridus) gelehnt waren. Bülow ist heute ein Ortsteil von Königsfeld in Nordwestmecklenburg. Dieser Gottfried vom Orte Bülow war also wohl der erste Bekannte dieses wahrhaften historischen Adelsgeschlechts. Die Erwähnung ist als Beweis allerdings eher wacklig, da die Ortsnamen noch nicht mit den Namen der Familien verbunden wurden.

Die erste tatsächlich fass- und belegbare Erwähnung tauchte dann im Jahr 1229 auf. Wieder war es ein Gottfried von Bülow (in Anbetracht mehr als 70 vergangener Jahre handelte es sich eventuell um einen Sohn oder gar Enkel), der Mitzeuge bei der Gründung von vier Kapellen bei Parchim durch Fürst Johann von Mecklenburg war. »Godofridus von Bulowe« wurde dann auch sieben Jahre später erstmals als Ritter erwähnt. Um Ritter zu werden, musste man (wie heutzutage bei der Aufnahme in einen noblen Club) einiges auf die Beine stellen. Ein Ritter musste mehrere edle Ahnen und Lehnbesitz vorweisen, er musste jeden reisenden Ritter bei Tag und Nacht aufnehmen und bewirten und überdies einige Pferde besitzen, um dem Fürsten Waffendienste leisten zu können. Bis 1255 wurden Gottfried von Bülow und sein Bruder Johann in nicht weniger als 24 Urkunden erwähnt.

2. Die Familie von Bülow

In Zusammenhang mit seinem Testament, in dem Gottfried seine Großzügigkeit bewies, indem er Äcker, Fischteiche und eine Mühle den Nonnen der Klosterkirche zu Rehna vermachte, tauchte 1255 auch erstmals das Familienwappen auf. Es besteht aus einem Schild, das mit 14 Kugeln (oder Münzen) bestückt ist. Wie die meisten Wappen mittelalterlicher Adelsgeschlechter entstand auch das derer von Bülow aus reinem Pragmatismus – es handelte sich um den Schildbeschlag des Ritters, und die Verzierung diente der Befestigung des leichten Holzes. Manche Ritter begnügten sich mit zu Mustern angeordneten Nägeln, andere nagelten sich Löwen oder Adler aufs Schild. Daraus, aus der klassischen Schildform mit Farbe und Muster, entwickelten sich die Wappen, die man noch heute kennt. Im Fall von Bülow also 14 Kugeln (in einer sich nach unten verjüngenden Anordnung) auf blauem Grund. Später kam ein Helm mit blau-goldenen Decken hinzu, und auf diesem Helm saß eine Golddrossel, auch Pirol genannt, die einen goldenen Ring im Schnabel trägt. Der Pirol heißt im Mecklenburgischen auch der »Vogel Bülow« – und französisch eben »Loriot«.

Verzweigungen

Die frühen Bülows hatten vor allem im Sinne, das Christentum zu verbreiten und gleichzeitig die Fürstenherrschaft fester zu begründen. Sie hatten somit eine enge Verbindung zur Kirche, damals ja ungleich mächtiger und einflussreicher in weltlichen Dingen als heute. Viele Familienmitglieder traten in den Dienst der Kirche ein. Bereits im Jahre 1292 tauchte ein weiterer Gottfried von Bülow auf, als Bischof von Schwerin. Auch seine drei Nachfolger in diesem so prominenten wie einflussreichen Amt waren allesamt Bülows: erst Ludolf (1331 bis 1339), dann Heinrich I. (1339 bis 1347) und schließlich Friedrich II. (1366 bis 1377).

Dabei scheute sich das bereits etablierte Adelsgeschlecht nicht vor Scharmützeln mit den Mächtigsten. Als Papst Urban V. statt Friedrich von Bülow einen seiner Günstlinge als Bischof installieren wollte, hielten die Bülows zusammen, brachten eine Menge Geld auf – denn seinerzeit wurden Bischofssitze gekauft – und schafften es tatsächlich, dem Papst das Nachsehen zu geben. Die beiden Grabplatten aus Messing, die zu Ehren der drei Bischöfe der Familie Bülow im Schweriner Dom aufgestellt sind, gelten heute als älteste bildliche Darstellung von Mitgliedern der Familie von Bülow.

Ab dem Jahr 1382 verteilte sich die Familie immer mehr über ganz Mecklenburg. Bis 1444 existierten schon acht verschiedene Linien oder Äste der Bülows. Ihre Stammsitze befanden sich anfangs in der Diözese Ratzeburg, von dort aber breiteten sie sich über ganz Mecklenburg und später sogar bis nach Dänemark und Schweden aus. Und: Die Bülows waren immer schon clevere Leute. Sie mehrten ihren Reichtum, indem sie etwa Geld an Kriege führende Fürsten in Mecklenburg oder an die Bischöfe von Schwerin verliehen. Denn die hatten wegen der enormen Kosten ihrer reichlichen Scharmützel und Kriege immer Bedarf. Im Lauf der Zeit wurden die Bülows so in die Lage versetzt, ihren Grundbesitz weiter zu vergrößern. In Mecklenburg und immer mehr auch in angrenzenden Gegenden.

Erst die Reformation brachte einen kleinen Knick ins erquickliche Ausbreiten und Prosperieren der von Bülows. Denn bis dato hatten sie mit den Katholischen gute Geschäfte gemacht, betrieben einige Vikareien und viele der ihrigen kamen in Klöstern unter. Nach Luthers Reformation aber mussten sie teilweise ihre Heimat verlassen und so dehnte sich die Familie im 16. und 17. Jahrhundert immer weiter aus: In ganz Nord- und Mitteldeutschland, in Holstein, Sachsen, Thüringen, West- und Ostpreußen, Schlesien, Lüneburg und Celle besaßen die von Bülows schließlich Land.

Aber sie blieben natürlich dennoch auch in Mecklenburg wohlhabend und einflussreich. Und schon im 17. und 18 Jahrhundert vergrößerte sich der Landbesitz wieder enorm. 1945, als die letzten von Bülows von der russischen Besatzungsmacht enteignet wurden, besaß die Familie dort noch immer 9228 Hektar. Insgesamt sieben Äste des Stammes von Bülow hatten seit Ritter Gottfried bis 1945 durchgehend Landbesitz in Mecklenburg. Heute erinnern noch Stiftungen von Epitaphen, Glocken oder Altären in insgesamt 73 Kirchen an die Zeit der von Bülows in Mecklenburg. Das Epitaph in der Kirche von Heiligenhagen konnte auch durch Unterstützung von Vicco von Bülow restauriert werden.[37]

Eine starke Familie – die berühmtesten von Bülows

Durch die Jahrhunderte traten bei den von Bülows einige prägnante Charakteristika und Merkmale immer wieder auf. Selbst das Nachschlagewerk *Neue Deutsche Biographie* in seinem Band 2 (Behaim bis Bürkel, 1955) kam nicht umhin, im Wesentlichen drei Berufsgruppen auszumachen: Staatsmänner, Generale und Schriftsteller. Wesenszüge von Staatsmännern und Generalen finden sich sicherlich auch in der Arbeitsweise (wie viele seiner Mitarbeiter bestätigen können) und natürlich im Humor des Nachkommen und (im weitesten Sinne) Schriftstellers Vicco von Bülow.

Als Staatsmann hervorgehoben wurden Gottfried Philipp von Bülow, der sich als Jurist einen Namen machte und von 1826 an vier Jahre dem Ministerium des Herzogtums Braunschweig vorstand. Alexander von Bülow (1829–1901) war Staatsminister in Mecklenburg und Otto von Bülow ein fähiger Diplomat, unter anderem agierte er als Vertreter des Auswärtigen Amts bei Reisen von Kaiser Wilhelm I.

Bernhard Ernst von Bülow wurde am 2. August 1815 im holsteinischen Ostseedörfchen Cismar geboren und nach einer stets aufstrebenden Karriere schließlich 1873 Staatssekretär des Auswärtigen Amts und dann 1876 preußischer Staatsminister ohne Geschäftsbereich. Es waren turbulente Zeiten. 1871 war Otto von Bismarck Reichskanzler des Deutschen Reiches geworden und Bernhard Ernst von Bülow war einer seiner engeren Vertrauten. So nahm er zusammen mit seinem prominenten Chef am Berliner Kongress teil, wo im Sommer 1878 nicht weniger als die Balkankrise beigelegt und Südosteuropa neu geordnet wurden.

In seiner Art und seinem Charakter schien er ein »typischer« von Bülow zu sein: »Bismarcks Vertrauen beschäftigte und belastete ihn mit einer Fülle von Aufgaben auch der inneren Politik. Bülows vermittelnde und ausgleichende Art in Verbindung mit seinem konservativen, streng höfischen Wesen machte ihn geeignet zum Gesandten des Kanzlers bei Wilhelm I., um dessen ›Ideen‹ zu erkunden und ihm Bismarcksche Ansichten beizubringen. Mehr diplomatischer Techniker als Staatsmann im höheren Sinne, war er doch von großer Einsicht und Klarheit. Keine Kämpfernatur, allem Extremen abgeneigt und (…) nie mit unabänderlichen Überzeugungen beschwert, vielmehr wandlungs- und anpassungsfähig.«[38] Eine Fortsetzung der großen Karriere verhinderte jedoch sein plötzlicher Tod im Oktober 1879, just als Bernhard Ernst von Bülow zu einem Erholungsurlaub nach arbeitsreichen Jahren aufbrechen wollte. Die große Karriere sollte erst sein Sohn machen. Aber dazu später.

Berühmte Generale waren zum Beispiel Jakob von Bülow (1626–1689), der es zum Generalmajor brachte und dabei in französischen, brandenburgischen, dänischen und schwedischen Diensten stand. Oder Christoph Karl (1716–1788) und Johann Albrecht (1708–1776) von Bülow, die sich im Siebenjährigen Krieg auszeichneten. Johann Albrecht trat in den Schlachten von Liegnitz und Leuthen so eindrucksvoll in Erscheinung, dass Friedrich der Große ihm noch auf dem Schlachtfeld von Liegnitz sein eigenes Band vom Roten Adlerorden übergab, den zweithöchsten preußischen Orden überhaupt.

Als Schriftstellerin wurde Frieda von Bülow (1857–1909) durch ihre Romane aus den Kolonien bekannt. Sie gilt sogar als Begründerin des deutschen Kolonialromans und als eine der ersten deutschen Feministinnen, die vehement für ein selbstbestimmtes Leben der Frauen kämpfte. Durch ihre Liebe zum Kolonialisten und üblen Rassisten Carl Peters, dem Begründer Deutsch-Ostafrikas, entdeckte sie ihr Interesse für die deutschen Kolonien. *Deutsch-Ostafrikanische Novellen, Tropenkoller. Eine Episode aus dem deutschen Kolonialleben* waren bekannte Werke der Feministin, deren Engagement für die Rechte der Frauen sie nicht vor deutschnationalen und rassistischen Anklängen bewahrte, was seinerzeit aber leider nicht ungewöhnlich war.

Ihre Schwester Margarethe von Bülow (geboren 1860) ertrank im Alter von nur 24 Jahren im Rummelsburger See beim Versuch, ein Kind zu retten. Ihre Novellen erschienen erst nach ihrem Tod.

Die berühmtesten von Bülows aber waren das noch lange nicht.

Der Staatschef: Bernhard Heinrich Martin von Bülow (1849–1929)

Er wurde 1849 in Klein Flottbek bei Altona (heute Hamburg) geboren und als gereifter Mann nichts weniger als Deutscher Reichskanzler. Schon sein Vater Bernhard Ernst (1815–1879) war bereits ein großer Staatsmann. Aber erst Bernhard Heinrich von Bülow gelang die wirklich eindrucksvolle Karriere. Über Botschaftstätigkeiten in Rom, St. Petersburg, Wien und Paris kehrte der Jurist 1894 schließlich nach Rom zurück, um dort Botschafter zu werden, bevor er im Oktober 1897 zum Staatssekretär des Auswärtigen Amtes ernannt wurde. Dabei kamen ihm seine starke Persönlichkeit und seine diplomatische Gewandtheit sehr zugute. »Er war der geistreichste und gewandteste der Höflinge, die den Thron Wilhelms II. umgaben. Durch feinfühliges Eingehen auf das impulsive Temperament und die selbstherrlichen Neigungen des Kaisers gewann er dessen Sympathien und übte zeitweise einen günstigen Einfluß auf ihn aus«, heißt es in der bereits erwähnten *Neuen Deutschen Biographie* über den Staatsmann.

Er fiel als Staatssekretär des Äußeren durch seine aggressive Kolonialpolitik auf und prägte in einer flammenden Rede vor dem Reichstag am 6. Dezember 1897 ein noch heute bekanntes geflügeltes Wort: den »Platz an der Sonne«. Den nämlich wollte er sich für das Deutsche Reich sichern, wollte also exzessiv Kolonien in sonnigen Gefilden akquirieren. Noch im gleichen Jahr erwarb von Bülow Kiautschou im heutigen China, dann 1899 die Caroline Islands (von Spanien) in Polynesien und im Februar 1900 schließlich noch Samoa. Er trieb zusammen mit Admiral Alfred von Tirpitz den Aufbau der Flotte voran, wenn auch zunächst mit dem Ziel, die deutschen Handelsschiffe besser schützen zu können.

Derart unentbehrlich für den – mitunter jetzt schon wirren – Kaiser Wilhelm II. stieg er im Oktober 1900 als Nachfolger von Chlodwig zu Hohenlohe-Schillingsfürst zum Reichskanzler auf. Immer mehr jedoch verfiel auch er, geblendet durch seinen rasenden Aufstieg, dem Machtrausch, sah sich als Bewahrer von Bismarcks Erbe. Seine »Politik der freien Hand« führte zum Irrlichtern zwischen Russland und England, was schließlich dazu beitrug, dass das Deutsche Reich immer mehr isoliert wurde, denn entgegen der vorherrschenden Ansicht näherten sich die beiden Großmächte einander doch an. Und so ging England nach der Zusammenarbeit mit Frankreich 1907 auch noch eine Entente mit Russland ein. Russland und Frankreich hatten ja bereits 1904 einen Bund, die »Entente Cordiale«, geschlossen.

So kam es letztlich zur bedingungslosen Bindung des Deutschen Reiches an Österreich-Ungarn, in deren Zusammenhang Bernhard von Bülow ein weiteres, noch heute oftmals benutztes geflügeltes Wort prägte: die »Nibelungentreue«. Seinen Nachfolgern hinterließ er indes ein kaum zu bewältigendes Erbe.

Auch innenpolitisch war von Bülow bei allem diplomatischen Geschick und Talent recht glücklos. Er wurde in eine unappetitliche Affäre und homosexuelle Kreise rund um Wilhelm II. hineingezogen, später galt die damit zusammenhängende »Harden-Eulenburg-Affäre« als der größte Skandal des deutschen Kaiserreichs überhaupt. Politisch von größerer Tragweite aber war die »Daily-Telegraph-Affäre«. Die britische Zeitung veröffentlichte am 28. Oktober 1908 einige Gespräche zwischen Kaiser Wilhelm II. und Oberst Stuart Wortley, die dieser zu einem Interview zusammengefasst hatte. Darin äußerte der oftmals diplomatisch ungeschickte Kaiser Sympathie für England, was sowohl im Reich als auch in Frankreich und anderen Staaten große Empörung auslöste. Nun hatte die Zeitung das Interview ganz korrekt an Wilhelm II. geschickt, der das Autorisieren seiner Regierung überließ. Es wäre also die Aufgabe von Reichskanzler Bernhard von Bülow gewesen, das Schlimmste zu verhindern. Der Entwurf war ihm auch zugeleitet worden, aber der im Urlaub auf Norderney weilende Kanzler sagte hernach, er habe es nicht gelesen. Ob das die Wahrheit ist oder von Bülow schlicht die Tragweite der Äußerungen nicht erkannte, ist bis heute nicht geklärt. So gab ein kleiner Beamter den Text schließlich frei. Der Skandal nahm seinen Lauf und gerade auch im Deutschen Reich waren selbst konservative Kreise empört. Die Abdankung des Kaisers wurde gefordert.

Am 14. Juli 1909 trat Bernhard von Bülow schließlich zurück. Der Grundstein für die beiden furchtbaren Kriege, die noch folgen sollten, war aber gelegt worden. In seiner Amtszeit.

Der Dirigent: Hans von Bülow (1830–1894)

Hans Guido Freiherr von Bülow wurde am 8. Januar 1830 in Dresden geboren. Die Tragik seines Lebens war nicht allein, dass er von seiner Frau verlassen wurde, sondern dass diese Tatsache ihn später berühmter machte als sein Schaffen. Dabei war er ein großartiger Musiker. Er erhielt Klavierunterricht bei Franz Liszt und wurde von Richard Wagner zum Dirigenten ausgebildet. Allerdings lag in diesen großen Lehrern auch schon die Saat des Verhängnisses. Denn 1857 heiratete Hans von Bülow Cosima Liszt, die Tochter seines Klavierlehrers. Zwölf Jahre später trennte sich das Paar, denn Cosima hatte sich für Richard Wagner entschieden, mit dem sie seit sechs Jahren ein Verhältnis hatte. Und den sie schließlich auch heiratete. Sie wurde die Frau an Wagners Seite und Mitorganisatorin der Bayreuther Festspiele, deren Leitung sie nach dem Tod des großen Komponisten übernahm. Diese Liebesverwicklungen blieben schließlich im öffentlichen Wissen hängen, gerade weil der letztlich berühmteste von Bülow, Vicco eben, eine uneingeschränkte Leidenschaft für Wagner entwickelte.

Ungeachtet dessen war Hans von Bülow ein Dirigent und Pianist von Weltrang. 1864 war er (auf Vermittlung von Wagner) Hofkapellmeister in München geworden und dirigierte die Uraufführungen von dessen Opern *Tristan und Isolde* (1865) und *Die Meistersinger* (1868). Während der Proben für *Tristan und*

Isolde brachte Cosima eine Tochter zur Welt. Hans von Bülow ließ sie Isolde nennen, nicht ahnend, dass es das Kind Richard Wagners war. Auch ohne einschlägige Medien wurde schon Mitte des 19. Jahrhunderts das Thema auf dem Boulevard diskutiert und fast jeder wusste Bescheid. Es wurde in allen Bevölkerungsschichten reichlich gespottet. Dennoch versuchte der arglose Hans von Bülow noch immer alles, die vermeintliche Ehre seiner Frau zu retten. Er forderte sogar einen Journalisten zum Duell. Selbst Bayerns König Ludwig II. gab eine von Cosima lancierte Ehrenerklärung ab. Cosima bekam noch zwei weitere Kinder (Eva und Siegfried) von Richard Wagner, und Hans von Bülow blieb nur der resignierte Kommentar: »Das Gebäude meiner Hörner ist auf das Glänzendste gekrönt worden.«[39] Am 18. Juni 1870 wurde das Paar schließlich geschieden.

Daneben verblasste naturgemäß das außerordentliche Können Hans von Bülows als Musiker. Nach der Scheidung war er am Ende, enttäuscht vom Verrat sowohl seiner Frau als auch seines Idols. So eine Affäre samt Scheidung war ja zu damaliger Zeit nicht nur menschlich, sondern auch gesellschaftlich eine Katastrophe. Hans von Bülow ging nach Florenz, kam nach zwei Jahren erstarkt zurück und setzte seine außerordentliche Karriere als bester Dirigent seiner Zeit fort. Er war in der ganzen Welt als Pianist und Dirigent auf Tournee, gab mit Walzerkönig Johann Strauß (den er entdeckt hatte) umjubelte Konzerte, arbeitete mit Johannes Brahms (der ihm zu einem guten Teil ebenfalls seine Karriere zu verdanken hat) bei der Meininger Hofkapelle zusammen, die er zum Spitzenorchester formte.

Er galt als ein Wegbereiter des modernen Dirigenten, der auch eine persönliche Deutung des Werkes einbringt. Trotz allem blieb er ein inniger Verehrer Richard Wagners, sodass ihn dessen Tod 1884 tief erschütterte und zusammenbrechen ließ.

Schließlich wirkte er noch in Hamburg und Berlin, wo er ab 1887 die Berliner Philharmoniker zu einem Orchester von europäischem Rang werden ließ. Die Konzerte wurden zum gesellschaftlichen Ereignis, von denen ganz Berlin sprach. Nicht nur Klasse, auch Masse zeichnete ihn aus. Immer schon hatte er sich bis zur Erschöpfung aufgerieben und eine unglaubliche Zahl von Arbeiten abgeliefert. Allein in seiner Berliner Zeit gab er 51 philharmonische Konzerte. 1893 verabschiedete er sich von den Philharmonikern, schon gezeichnet von einer schweren Lungenkrankheit. Er wanderte nach Ägypten aus, wo er sich Besserung erhoffte. Dennoch starb er schon ein Jahr später am 12. Februar 1894 in Kairo.

Abseits der boulevardesken Verirrungen, in die er relativ schuldlos hineingerutscht war, blieb die Anerkennung für einen »Musiker von seltener Universalität«, wie es in der *Neuen Deutschen Biographie* heißt. Er nehme »als Dirigent, Pianist, Pädagoge und Musikschriftsteller eine nicht zu übersehende Stellung in der Musikgeschichte des 19. Jahrhunderts ein. Auf allen genannten Gebieten wirkte er richtungweisend und erziehend.«

2. Die Familie von Bülow

Der Diplomat: Bernhard Wilhelm von Bülow (1885–1936)

Der 1885 geborene Sohn von Adolf und Carola von Bülow gilt als eine der außergewöhnlichsten Figuren der diplomatischen und politischen Bühne zwischen den Weltkriegen. Sein Vater war bereits Adjutant von Kaiser Wilhelm II. Bernhard von Bülow, der Reichskanzler, war ein Onkel von ihm. Im Anschluss an eine zweijährige Weltreise trat er zum 1. Januar 1912 und damit im zarten Alter von 26 Jahren in den diplomatischen Dienst ein. Er arbeitete für das Auswärtige Amt in Washington und Konstantinopel, kämpfte aber auch 1914/15 als Soldat im Felde.

Nach dem Krieg nahm er an den Friedenskonferenzen von Brest-Litowsk und Versailles teil und war anschließend ein vehementer Gegner des Versailler Vertrages – wohl weil er als weitblickender und intelligenter Diplomat ahnte, was der anbahnte. So schied er 1919 aus dem diplomatischen Dienst aus und arbeitete fortan als Publizist und Autor. Er verfasste viel beachtete Werke zur Vorgeschichte des Weltkrieges und über den Völkerbund. Die *Neue Deutsche Biographie* beschreibt Bernhard Wilhelm von Bülow voller Bewunderung als einen Mann, der vom Pflichtgefühl des altpreußischen Aristokraten und zugleich vom Idealismus des 19. Jahrhunderts geprägt war, eine hoch geschätzte Persönlichkeit, die sich nie in die vorderen Reihen der Öffentlichkeit gedrängt hatte.

Nachdem er einige Zeit als Herausgeber der Zeitschrift *Die Deutsche Nation* fungiert hatte, gab er diese Funktion 1923 an den späteren Bundespräsidenten Theodor Heuss ab und trat im Februar 1923 wieder in den Auswärtigen Dienst ein. Und er eckte an, indem er weiterhin den Versailler Vertrag hart kritisierte und damit in Opposition zu Außenminister Gustav Stresemanns Verständigungspolitik ging. Deshalb wurden seine Kompetenzen gegen Ende der 1920er-Jahre stark eingeschränkt. Er verlor etwa die Zuständigkeit für den Völkerbund, eine Organisation, die er zwar in der bestehenden Form kritisierte, deren Idee ihm aber besonders am Herzen lag. Denn eine Völkergemeinschaft, wie sie erst nach dem Zweiten Weltkrieg in UN oder EU langsam Realität wurde, sah er schon während der Weimarer Republik als Voraussetzung für eine gute Zukunft an. Auch hier also war Bernhard Wilhelm von Bülow ein Visionär.

Doch leider brach erst einmal eine andere, finstere Zeit an. 1930 war Bernhard Wilhelm von Bülow Staatssekretär im Auswärtigen Amt im Kabinett von Reichskanzler Heinrich Brüning geworden, ein Amt, das er etwas überraschend auch nach Hitlers Machtergreifung behielt, denn sein »Pflichtgefühl hinderte ihn, den früheren Mitarbeiter Stresemanns und Brünings, auch nach dem ›Umbruch‹ von 1933 sein Amt niederzulegen, obgleich er die Mängel und Mißgriffe des nationalsozialistischen Regimes schnell erkannte und innerlich zweifellos scharf kritisierte«.[40]

Er war sogar unter den Personen, die Hitler im Zuge des Röhm-Putsches ermorden lassen wollte. Hermann Göring strich ihn schließlich von der Liste. Politisch allerdings verlor Bernhard Wilhelm von Bülow immer mehr an Einfluss. Noch heute allerdings erkennt man an, dass er bis zu seinem Tode 1936 einiges Schlimmes verhindern konnte, indem er mit dazu beitrug, dass sich die Partei das Auswärtige Amt nicht unterjochen konnte.

Das verhängnisvolle Paar: Sunny und Claus von Bülow

Über diese beiden von Bülows hat Hollywood sogar einen Film gedreht. 1990 kam *Reversal of Fortune* (deutscher Titel: *Die Affäre der Sunny von B.)* in die Kinos. In den Hauptrollen glänzten Glenn Close und Jeremy Irons, der später für seine Darstellung des ominösen Claus von Bülow sogar einen Oscar überreicht bekam.

Der wirkliche Claus von Bülow wurde 1926 als Sohn des dänischen Dramatikers Svend Borberg und Jonna von Bülow in Kopenhagen geboren. Sein Geburtsname war Claus Cecil Borberg, später nahm er aber den Namen seiner Mutter an. Er studierte in Cambridge und wurde ein enger Mitarbeiter des glamourösen Öl-Milliardärs J. Paul Getty.

Am 6. Juni 1966 heiratete er Sunny von Auersperg, frisch geschieden vom mittellosen Adligen Alfred von Auersperg.

Eigentlich hieß sie Martha Sharp Crawford. Ihr Vater war der Milliardär George Crawford, der 1935 starb, als Martha vier Jahre alt war. Sie war also eine ebenfalls im Jetset beheimatete amerikanische und zudem steinreiche Erbin. Ein Jahr nach der Heirat wurde Tochter Cosima geboren. Bis dahin waren sie ein Glamour-Paar ohne besondere Vorkommnisse. Auch was folgte, ist in jenen Kreisen wohl nicht unüblich. Er legte sich eine Geliebte zu, sie versank in Alkohol und Medikamenten.

Spektakulär wurde ihre Geschichte im Jahr 1980. Kurz vor Weihnachten wurde sie bewusstlos in ihrem Bett gefunden, im Krankenhaus wurde ihr Hirntod festgestellt, sie lag fortan im Koma. Schon bald geriet Claus von Bülow in Verdacht, ihr Insulin in einer Überdosis verabreicht zu haben, um an ihr Geld zu kommen und seine Geliebte heiraten zu können, wie es hieß. 1982 begann der Prozess gegen ihn, eine unappetitliche Angelegenheit, bei der Sunny als medikamentenabhängige Alkoholikerin dargestellt wurde. Im ersten Prozess wurde Claus von Bülow von einer Geschworenen-Jury für schuldig befunden und zu 30 Jahren Haft verurteilt. Die Berufung übernahm Starverteidiger Alan Dershowitz, der 1985 einen Freispruch erreichte. Unter anderem wegen Verfahrensfehlern. Auch ein Zivilprozess endete 1985 mit einem Freispruch.

Dershowitz, der später auch O. J. Simpson, Mike Tyson oder Julian Assange vertrat, schrieb die Geschichte nach Ende der Prozesse auf. Das Buch mit dem Titel *Reversal of Fortune* war die Basis für den Kinofilm. Claus von Bülow stimmte schließlich 1988 einer Scheidung von Sunny zu und verzichtete auf alle Ansprüche. Sunny von Bülow lag 28 Jahre lang im Koma und starb am 6. Dezember 2008. Das Rätsel ihres Untergangs wurde nie gelöst.

3. Vicco von Bülow wird zu Loriot

Heimkehr ohne Ziel

Nach der Rückkehr aus dem Osten zog Vicco von Bülow auf das Gut einer Tante, von wo man bald fliehen musste, da die Rote Armee immer näher rückte. Zumindest körperlich unversehrt landete der mittlerweile 21 Jahre alte Vicco ab dem Sommer 1945 in der niedersächsischen Waldeinsamkeit. Die Geburtsstadt lag nunmehr in der sowjetischen Besatzungszone, die langjährige Heimat in den Berliner Bezirken Wilmersdorf und Zehlendorf war umringt davon.

Er lebte in Markoldendorf, einem Dörfchen westlich von Einbeck und in Sichtweite des Solling, einem Mittelgebirge mit ausgeprägter Walddichte. Er hatte sich dorthin zurückgezogen, um den Krieg zu verarbeiten oder wenigstens zu verdrängen. Sein Bruder war tot, viele Verwandte und Freunde ebenso, die Heimat zerstört. Für einen so jungen Mann ein Zustand, der schwer zu ertragen war. Jeden Tag um fünf Uhr morgens verließ er mit einer Axt das Haus, um für die Forstbehörde Holz zu fällen. Es tat seinem Körper gut, wenngleich es nicht besonders bezahlt wurde. Doch die überlebenswichtigen Lebensmittelkarten bekam man nur, wenn man eine Tätigkeit ausübte. In seinem Fall standen zur Wahl: im Bergwerk oder als Holzfäller.

Gesünder war das Arbeiten im Wald vielleicht, aber nicht unbedingt erfüllend für den Geist. Literatur, humanistische Ideen – all das war so weit weg. Ab dem Sommer 1946 besuchte er auch deshalb zusätzlich im rund 25 Kilometer entfernten Northeim das Gymnasium Corvinianum, um dort sein Abitur regulär nachzuholen. Den Ehrgeiz, es nicht beim unvollständigen Notabitur bewenden zu lassen, hatte er, auch weil er irgendwann vielleicht studieren wollte und das Stuttgarter Notabitur dafür nicht ausreichte. Er verfiel in einen bis dato unbekannten Bildungseifer.[41]

Die Mischung aus körperlicher und geistiger Anstrengung mitten in der totalen Abgeschiedenheit der niedersächsischen Provinz machte den jungen Kriegsheimkehrer glücklich. Das Lernen ging ihm leicht von der Hand, täglich fuhr er die Strecke zum Gymnasium und zurück mit der Zubringerbahn, seine Fächer waren Deutsch, Mathematik und Englisch. Im Oktober 1946, als die Nürnberger Prozesse zu Ende gingen und Verbrecher wie Göring, Ribbentrop oder Streicher zum Tode verurteilt wurden, sinnierte er in der Abiturprüfung über Schiller. Das Thema im Fach Deutsch lautete: »Charakterisierung Schillers in seinem Verhältnis zu Goethe.« Nun, man muss zugeben, so lautete das Thema nicht, was der Korrektor auch am Rand mit dickem Rotstift vermerkte. Vicco von Bülow aber scherte das nicht, er bog sich die Aufgabe nach seinem Willen zurecht. Das Vorrecht eines fast 23-Jährigen, der gerade Tod, Elend und Zerstörung hinter sich gelassen und überlebt hatte. Denn Schiller liebte er, Goethe weniger, ihn respektierte und ehrte er nur.

Er bestand dennoch.

Birgit Lahann, die den Abituraufsatz ausfindig machte, bewertete ihn so: »Schiller ist für von Bülow der Jüngling, der die ästhetische Richtung angibt, der klassische Schwärmer, der die Begriffe lebendig macht, der Freiheit in den Menschen pflanzt (...) und durch ihn eine Idee zum Leben erweckt.«[42] Goethe, der erdverbundene, war nicht so sehr sein Ding, er liebte Schiller, den Träumer und Utopisten, den Protagonisten des Sturm und Drang.

Auch der benotende Lehrer war vom Aufsatz angetan und hob die übergreifenden und weitergehenden Gedanken des Abiturienten des Vicco von Bülow hervor. Denn dieser hatte nicht nur die Dichter an sich untersucht, sondern auch ihr Wirken im größeren, im menschlichen Maßstab. Er hatte wirklich über beider Lebenseinstellungen nachgedacht.

Wesentlich nüchterner reflektierte Vicco von Bülow selbst in späteren Gedanken seine Reifeprüfung. Er meinte, dass er seine Kenntnisse in Spezialgebieten der Mathematik und auch im Bereich Altphilologie durchaus erweitert hätte und, dass er sein Repertoire an klassischen englischen und deutschen Zitaten ebenfalls ausgebaut hätte.[43]

Ähnlich pragmatisch war auch der Tag selbst, an dem seine Schullaufbahn endgültig endete. Die Prüfung legte er am Vormittag ab, bereits am Mittag saß er wieder im Zug nach Markoldendorf und schon am selben Nachmittag fällte er wieder Bäume.

Eine konkrete Vorstellung, was er beruflich machen sollte, hatte er noch immer nicht. Was beim Sechsjährigen noch nicht weiter schlimm war, wurde nun beim Mittzwanziger langsam ein ernsthaftes Problem. Dabei bot die Nachkriegszeit alle Möglichkeiten. Aber Vicco war ein wenig lethargisch, ziellos, befand sich in einer Phase antriebsloser Entspannung[44], der einzig von den Briefen seiner Freunde torpediert wurde, die zumeist schon längst mit dem Studium begonnen hatten.

Ausgerechnet vom Vater, der Offizier und stark der Tradition verhaftet war, kam ein geradezu exotischer Vorschlag. Er erinnerte sich einiger Zeichnungen des jungen Vicco und schlug ihm ein Studium an der Landeskunstschule in Hamburg vor. Das hielt auch Vicco von Bülow später für ungewöhnlich – ein Vater, der seinem Kind zur Kunst rät, statt ihm solche Flausen auszutreiben.

LANDESKUNSTSCHULE HAMBURG UND WILLEM GRIMM

Der junge Vicco hatte damals in Markoldendorf auch schon eine Freundin. Eines Tages, als er darüber sinnierte, mit welchen Zeichnungen er sich denn um einen der begehrten Studienplätze an der Hamburger Landeskunstschule (heute: Hochschule für bildende Künste) bewerben könnte, welche Zeichnungen Erfolg versprächen, da kamen sie gemeinsam darauf, es mit Akten zu versuchen. Die junge Dame, deren Namen er stets verschwieg, erklärte sich schnell bereit, Modell zu stehen. Dem in Sachen Erotik wenig erfahrenen Kriegsheimkehrer und Holzfäller kam das sicher entgegen. Vicco von Bülow zeichnete sie 70 Mal, mindestens, jedenfalls reichte er 70 Akte an der Schule ein. Große Hoffnungen durfte er sich nicht machen. Er war einer von 250 Bewerbern – und nur 20 wurden in den elitären Kreis aufgenommen.

Zumindest mussten die Bewerber lediglich jene Mappe mit künstlerischen Arbeiten vorlegen und begutachten lassen. Auf die einstmals geforderte und als unverzichtbar angesehene handwerkliche Vorbildung verzichtete man angesichts der Umstände. So kurz nach dem Krieg, wo andere Dinge essenzieller waren als das Erlernen eines Handwerks. Der erste Schuldirektor Friedrich Ahlers-Hestermann, damals schon über 60 Jahre alt und somit über die bitteren Erfahrungen gleich zweier Weltkriege verfügend, erinnerte sich an die ersten Aufnahmeprüfungen: »Abgemagerte, graugesichtige junge Menschen defilierten an meinem Schreibtisch vorüber, die nun Künstler werden sollten, stockend davon sprachen oder fast tonlos ihre furchtbaren Erlebnisse erzählten.« Und weiter: »Alle diese jungen und zum Teil gar nicht mehr jungen Leute hatten Jahre der Fron des Kriegsdienstes oder der Gefangenschaft hinter sich, hatten die Augen voll der Bilder von Blut und Schlamm, Trümmern und Stacheldraht, hatten kaum ein wohnliches Heim, eine geregelte Bildung gekannt, hatten nur den dunklen Drang der künstlerischen Betätigung.«[45]

Immerhin: Vicco von Bülows Mappe gefiel, er wurde aufgenommen.

Ein großer Schritt für den Kriegsheimkehrer und Interims-Holzfäller, denn als Professoren waren große Namen an der Schule tätig. Im Herbst 1947 zog er nach Hamburg um, seine Habseligkeiten bestanden aus einigen Strümpfen und den Überbleibseln der alten Militärkleidung, die nicht mit dem 3. Reich untergegangen war.[46] Ein feines Bild: ein tausendjähriges Reich wird überlebt von ein paar löchrigen Unterhosen und Socken. Mit 23 besaß er kaum mehr als ein paar Lebensmittelkarten – und vor allem die Zulassung zum Kunststudium. In Hamburg geriet er sofort in die Klasse von Willem Grimm, einem damals schon populären und angesehenen Maler, den Vicco von Bülow zeitlebens bewundern sollte. Auch die Mitstudenten gefielen dem jungen Vicco, er begann sich wohlzufühlen, die Klasse wurde sein wahres Zuhause, seine Familie. Angeführt vom großen Patron Willem Grimm.

Grimm war im Herbst 1947 gerade 43 Jahre alt. Bereits als 18-Jähriger war er in die Künstlerkolonie Worpswede gezogen, wo er das Werk von Paula Modersohn-Becker kennen- und schätzen lernte. 1929 wurde er Mitglied der Hamburger Sezession, und in den folgenden Jahren sorgte er in der Kunstszene der Hansestadt für Aufsehen. Er übernahm schon 1930 einen ersten Lehrauftrag an der Landeskunstschule.

Mit der Machtergreifung der Nazis zog sich Grimm aus dem künstlerischen Leben weitgehend zurück. Die Hamburger Sezession löste sich auf, weil sie ihre jüdischen Mitglieder nicht ausschließen wollte. Willem Grimm vermied politische Äußerungen, reiste viel und arbeitete schließlich als Landwirt auf dem Hof seines Vaters nahe Malente in Schleswig-Holstein – alles um dem Zugriff der neuen Machthaber zu entgehen. Fünf seiner Bilder wurden als entartet degradiert und aus der Hamburger Kunsthalle entfernt. Willem Grimm wurde auch zur Wehrmacht eingezogen, überstand den Krieg aber ohne Fronteinsatz in Wedel bei Hamburg und Kampen auf Sylt. Sein künstlerisches Œuvre allerdings wurde zu einem beträchtlichen Teil während eines Bombenangriffs im Jahr 1943 zerstört. 1946 wurde Grimm wieder an die Hamburger Landeskunstschule berufen, als Professor für »Freie Malerei«.

Von den Wirren inmitten der kriegszerstörten Stadt mit ihrem Gerangel um den Schwarzmarkt, der Zerstörung, dem Wiederaufbau, dem Hunger und auch der Hoffnung, bekam die Klasse wenig mit. Sie war eine künstlerische Enklave, vertieft in die Faszination der Striche und der Farben. Willem Grimm tat das Seinige dazu, er kaprizierte sich nicht auf das Kernfach, die Malerei, sondern brachte den Männern und Frauen auch die Literatur und die Musik nahe. Bitter nötig, nachdem diese in ihrer gesamten Jugend von kulturloser Barbarei umgeben waren. Es kam vor, dass er seinen Plattenspieler in die Klasse brachte und den Schülern Mozart, Bach und Beethoven vorspielte. Grimm gab sich auch nicht damit zufrieden, seinen Schülern nur Zeichentechniken beizubringen, er wollte Interesse und Aufgeschlossenheit für viele künstlerische Felder wecken. Damit wollte er letztendlich auch die Qualität und Inspiriertheit des Malens selbst steigern.[47] Und natürlich lernten sie die Welt der Malerei kennen, eine Kunst, deren beeindruckendste Werke noch drei Jahre zuvor als »entartet« diffamiert wurden. Vicco von Bülow und seine Kommilitonen sahen zum ersten Mal Bilder von Max Beckmann, Paul Klee, Emil Nolde oder Pablo Picasso.

Aber der Anfang war auch schwer. Am 3. Januar 1946 schon begann der Unterricht in der Klasse von Willem Grimm. Der Schuldirekor Friedrich Ahlers-Hestermann schrieb später in seinen Erinnerungen: »Es fehlte an allem ... auch in den erhaltenen Räumen waren die Fenster ohne Glas, Heizung gab es zunächst nicht. Der Lehrkörper war neu zu berufen, Zeichen- und Malmaterial war äußerst rar ... Das Direktorzimmer war im Prunk seiner schweren Täfelung und der (freilich abbröckelnden) Kassettendecke erhalten geblieben. Da saß ich nun, in Mantel und Decken gehüllt ...«[48]

Den Schülern um Willem Grimm dürfte es nicht viel anders gegangen sein. Das 1913 errichtete Schulgebäude war stark beschädigt worden. Der Nordflügel ausgebrannt, vom Mittelbau waren nur ein paar Räume übrig und lediglich der Südflügel, ein Verbindungstrakt und der Bau im Osten mit den Werkstätten waren einigermaßen unversehrt geblieben. Das klingt zunächst noch recht komfortabel, aber diese verbliebenen Räume mussten sich die Kunststudenten mit Firmen und Betrieben aus der Umgebung, die ausgebombt worden waren, teilen.

Der Grimm'schen Klasse konnten diese Umstände in ihrem Enthusiasmus wenig anhaben. Der Professor begann mit realistischen Betrachtungen in den Stilformen Stilleben, Landschaft und Figur. Dabei setzte er auf verschiedene Techniken, neben dem Malen und Zeichnen auch auf Holz- oder Linolschnitt. Der chronische Materialmangel wurde durch Fantasie ausgeglichen. Wenn mal wieder keine Leinwand zur Verfügung stand, bemalten die Studenten eben Pappe, Packpapier oder alte Dokumente. Wenn es an Ölfarben mangelte, mischte man sich Eitempera zusammen, eine Art Ersatzfarbe aus Eigelb, Leinöl und Wasser. Druckstöcke bastelten sie sich aus Holzresten oder alten Sperrholzplatten.

Die Naturbilder ließ Grimm nicht in der ausgebombten Kunstschule anfertigen, er fuhr mit den jungen Leuten hinaus aufs Land, wo unter dem Einfluss des Lichts, der Gerüche und der Geräusche ganz besondere Werke entstanden. Bei diesen Landfahrten kam man sich auch menschlich näher. Denn die illustre Gruppe übernachtete in Jugendherbergen oder auch auf Heuböden, kochte gemeinsam oder hörte Musik.

Willem Grimm ging natürlich mit seinen Schülern auch in die Ausstellungen der großen Impressionisten und Expressionisten, die schon kurz nach dem Krieg die Hamburger wieder an all das Schöne heranführen sollten, von dem ihnen Jahre zuvor erzählt worden war, es sei »entartet«.

Voller Achtung beschrieb Vicco von Bülow den prägenden Lehrer, der sich Respekt nicht verschaffen musste, sondern ihn einfach besaß. Grimm wurde von seinen Schülern auch deshalb geschätzt, weil er Kritik stets so verpackte, dass man sie zwar kaum bemerkte, jedoch immer auf die Schwachpunkte seines Schaffens hingewiesen wurde. Bei gleichermaßen sensiblen wie zum Übermut über das eigene Können neigenden Kunststudenten eine überaus wichtige Fähigkeit.

So sammelte auch Vicco von Bülow Erfahrungen mit Grimms Art von Kritik. Er hatte im Hamburger Zoo einen Papagei schnell und oberflächlich skizziert, eine Zeichnung, von der er selbst retrospektiv nicht allzu viel hielt. Bei der regelmäßigen Korrektur, einer Art wöchentlichen Kritikkonferenz, bei der die Arbeiten aller Studenten vor versammelter Klasse an die Wand gepinnt und von Grimm beurteilt wurden, wurde auch jenes Werk aufgehängt. Grimm nun, so erzählte von Bülow später, habe nur innegehalten und den Papagei ein paar Sekunden lang fixiert, um dann im Weitergehen kurz zu bemerken: »Ja, ja, mit dem Strich ist viel Geld zu verdienen ...«

Keine harsche Bemerkung, wie es scheint, schon gar nicht kränkend, vernichtend, aburteilend oder sonst wie negativ behaftet. Doch nicht so für den jungen Vicco von Bülow. Er wäre wohl gerne in einem Mauseloch verschwunden, denn ihm war die Schmach und Kritik sehr wohl bewusst. Er schrieb sich daraufhin die Maxime hinter die Ohren, nie wieder zu versuchen, Erfolg auf Kosten der Qualität zu erreichen und durch – modern gesagt – Zugeständnisse an den Mainstream.[49] Wie wir heute wissen, war das tatsächlich eine Maxime, die er sein Leben lang beherzigte.

Vicco von Bülow war Grimm immer dankbar, weil er von ihm in vielerlei Hinsicht Maßstab und den Blick für Wesentliches gelernt hatte.[50] Aus dem ziellosen Kriegsheimkehrer hatte er einen Mann gemacht, der im Leben verankert war. Er hatte ihm eine Perspektive eröffnet. Eine Perspektive, die ihn auf einen Weg führen sollte, für den ganz Deutschland einmal diesen Loriot verehren würde. Allein den Erfolg bei den weiblichen Studenten neidete von Bülow dem gut aussehenden und charmanten Professor. Die Bewunderung der Frauenwelt fiel ihm – ganz anders als den meisten Studenten – wie von selbst zu. Seine große Liebe musste Vicco deshalb außerhalb der Landeskunstschule suchen.

Immerhin: Er fand sie.

Romi

Der Krieg war auch an den Schlumboms in Hamburg nicht spurlos vorübergegangen. Zweimal wurde die Familie des Hamburger Kaufmanns Peter Schlumbom ausgebombt. Vom einstigen Wohlstand war ihnen nicht viel geblieben. Noch vor Ausbruch des Zweiten Weltkriegs waren sie sicherheitshalber in die hanseatische Heimatstadt zurückgekehrt. Peter Schlumbom machte damals Geschäfte mit Japan und China, und seine Frau Frieda Kuß folgte ihm natürlich in alle Ecken und Winkel der Welt, wie es seinerzeit üblich war. So wurde auch das Töchterchen schon frühzeitig zur Weltenbummlerin: Geboren wurde Rose-Marie Schlumbom am 22. Juni 1929 in Manila, der Hauptstadt der Philippinen, eingeschult hat man sie im Sommer 1935 in Kobe, der japanischen Hafenmetropole.

Der Teenager Romi, wie Rose-Marie stets nur genannt wurde, schaffte trotz schwerer Zeit die mittlere Reife, besuchte anschließend die Fachhochschule an der Armgartstraße in Hamburg, studierte Modedesign, lernte zeichnen und schneidern, erfuhr alles über die menschliche Anatomie. Anfang 1948 versuchte sie in einem Hamburger Zeichentrickstudio ein wenig Geld zu verdienen. Die dortige Konkurrenz mit einem Kunststudenten tat ihr allerdings nicht gut, weswegen sie dort irgendwann ausstieg.

Sie besuchte eines Abends den Faschingsball der Landeskunstschule, und dorthin hatte sich auch der junge Kunststudent Vicco von Bülow verirrt. Die beiden sahen sich, sie sprachen miteinander und alle Konventionen, die vielleicht einmal gegolten haben mögen, waren obsolet. Wie bei vielen Kriegskindern wurde alles über den Haufen geworfen, was ihnen in der Kindheit und Jugend mitgegeben worden war. »Alles wurde zusammengewürfelt, nichts blieb, wie es war. Eher selten hätten preußische Offiziere Hamburger Kaufmannstöchter geheiratet«, erinnerte sich Romi von Bülow viele Jahrzehnte später.[51] Aber ein Offizier würde Vicco von Bülow ohnehin nicht mehr werden, auch wenn er immer noch nicht wusste, wohin er wollte. Und schon gar nicht ahnten beide, welche Karriere dieser schüchterne Vicco von Bülow machen würde.

An einem kühlen Februarmorgen des Jahres 1948 wurde Romi Schlumbom von Vicco nach dem Faschingsfest nach Hause gebracht, mit der U-Bahn, im noch immer kriegsversehrten Hamburg. Beide wussten noch nicht, dass sie ein

Leben lang zusammenbleiben sollten. Sie näherten sich einander ganz zeitgemäß an, langsam und schüchtern, durch lange Spaziergänge oder gegenseitige Besuche. Einmal zeichnete Vicco seine Freundin, als sie ihn zu Hause besuchte – auf einem Hocker sitzend, das rechte Bein auf einen anderen Hocker gestützt, versonnen mit einem Stift auf ein Blatt Papier malend oder schreibend. Sie beschlossen bald, ihre fast leeren Haushaltskassen zusammenzulegen, an ein Zusammenwohnen war aber längst nicht zu denken. Sowohl in seiner als auch in ihrer Wohnung war kaum Platz für eine Person. Außerdem schrieb man das Jahr 1948. Wilde Wohngemeinschaften waren noch fern.

Vicco von Bülow lebte seit seinem Umzug nach Hamburg in einem acht Quadratmeter kleinen Zimmerchen zur Untermiete beim Ehepaar Groß, das in denselben Räumlichkeiten auch sein Geschäft betrieb: Einen Damen- und Herren-Frisiersalon. In ungünstiger Lage allerdings, wie Vicco von Bülow launig erklärte, denn in unmittelbarer Nähe lagen ein Gefängnis, eine psychiatrische Klinik und ein Friedhof.[52]

Dennoch ging es ihnen besser als vielen anderen. Nur etwa 20 Prozent des Wohnraums in Hamburg war unbeschädigt geblieben. Volker Benninghoff beispielsweise, einer von Vicco von Bülows Kommilitonen an der Landeskunstschule, beschrieb seine Unterkunft als kalt und dem Regen ausgesetzt, der an mehreren Stellen durchs Dach tropfte. In der Kunstschule wurde immerhin geheizt und zudem hatte man für gänzlich wohnungs- und mittellose Studenten eine Notunterkunft im

Sockelgeschoss eingerichtet. Dort waren anfangs sogar der Direktor und einige Lehrkräfte untergebracht.

Am 18. Juni 1948 änderte sich das Leben der Deutschen und damit auch das von Vicco von Bülow und Romi Schlumbom mal wieder radikal. Im Radio hörten die beiden an diesem Freitag wie alle Bewohner der Westzonen, dass ab dem darauffolgenden Sonntag eine neue Währung gelte. Und dass an den Ausgabestellen für Lebensmittelmarken an jeden Bürger 40 D-Mark ausgezahlt würden. Die »Deutsche Mark«, das war die neue Währung und der Beginn einer neuen Zeit. Nachdem er ihm schon ganz entgegen seiner Neigungen zum künstlerischen Berufsweg geraten hatte, verblüffte Johann-Albrecht von Bülow seinen Sohn Vicco in diesen Tagen ein weiteres Mal. Von dem Geld kaufte er sich nicht etwa Lebensmittel oder sonst etwas Lebensnotwendiges. Er legte sich Zauberutensilien zu, um damit seinen Sohn und dessen Freundin zu unterhalten. Aufgrund der eher beengten Wohnverhältnisse im Vicco von Bülows Apartment muss die Wirkung der Aufführung schier gewaltig gewesen sein.[53]

DER VOGEL BÜLOW

Es ist eine Zeichnung, der noch viel von der späteren Kunstfertigkeit und Einzigartigkeit fehlt. Und dennoch ist es ein besonderes, ein nachgerade epochales Werk: Ein Mann sitzt im Schaukelstuhl, der Raum ist karg, ein Fenster hat er nur, so hoch, dass man auch im Stehen kaum hinauslugen könnte. Und vermittels vier Flaschenzügen hat der Mann seine

Habseligkeiten unter die Zimmerdecke gehievt. »Hut«, »Mantel«, »Mehl« und »Gäste« steht auf vier Täfelchen, die hinter den Seilen an der Wand befestigt sind.

Es war ein erster Cartoon, ein »gezeichneter Witz«, wie es damals noch hieß. Und weil es nicht das war, was dem Kunststudenten aus adeligem Hause mit ernsten künstlerischen Absichten vorschwebte, signierte er die Skizze mit einem Pseudonym. Denn den Vicco von Bülow möchte er sich wohl für spätere künstlerische Großwerke aufheben. Schließlich war es unter Schülern der Kunstakademie nicht unbedingt üblich, Karikaturen zu zeichnen und in Zeitungen zu veröffentlichen. Ein anderer Name für den seriösen Kunststudenten musste her, eine zweite Existenz.

Das Pseudonym war schnell gefunden. Im Familienwappen der jahrhundertealten Familie von Bülow ist der Pirol verewigt, jener goldgelbe und schwarzflügelige Sperlingsvogel, der im Mecklenburgischen auf gut volkstümlich auch »Vogel Bülow« genannt wird. Französisch heißt der Pirol kurz und elegant: *le loriot*.

L O R I O T – das stand dann nun in Versalien und nicht verbundenen Buchstaben unter der Karikatur, und dieser Schriftzug ist das eigentlich Bedeutende an dieser Zeichnung. Denn mit ihm war eine deutsche Marke geboren, so prägnant wie Tempo oder Nivea. Nur ahnte davon in diesem Moment noch niemand etwas.

Die bitter-heitere Zeichnung blieb ein erster Versuch. Sein Geld verdiente der frischgebackene Absolvent der Landeskunstschule zunächst noch durch Gebrauchsgrafik. Wenn er denn etwas verdiente. Gegen Ende des Jahres 1949 sah es düster aus. In Briefen an seinen Vater schilderte er die schlimme Situation des jungen Paares, natürlich immer mit dem Humor, der Späteres erahnen lässt. Manchmal jedoch war schlichtweg nicht mal Porto in der Kasse. Am 1. Dezember 1949 schrieb er, dass es ihm nicht gelungen sei, auch nur einen Auftrag zu ergattern, und Romi für alles aufkommen musste. Von den 40 D-Mark Romis lebte man und jede Einnahme wurde frenetisch gefeiert. Vicco von Bülow berichtete so von unerwarteten Honoraren in Höhe von 11 D-Mark und von Gläubigern, die er zur Zahlung der geschuldeten 40 DM bewegen wollte – oder wenigstens einer Teilzahlung in Höhe von 15 DM.[54]

Es war also ein schwieriger Herbst 1949, der seinem letzten Semester an der Hamburger Landeskunstschule folgte. Und endlich gab es einen Silberstreif am Horizont des jungen Paars von Bülow/Schlumbom: Er wollte es mit der Komik, dem Heiteren versuchen. Genauer gesagt, lernte er auf einer Party eine Dame kennen, die als Sekretärin bei der damals populären Zeitschrift *die strasse* arbeitete. Diese forderte ihn auf, möglicherweise im angeheiterten Zustand, doch mal im Verlag vorbeizukommen und ein paar humoristische Zeichnungen anzufertigen. Vielleicht nicht das, was sich ein junger Künstler erhoffte – aber das Geld war knapp genug, es ernst zu nehmen. Die Redaktion der Zeitschrift kaufte ihm, zu seiner großen Verwunderung, zwei Cartoons zu je 25 D-Mark ab.

Noch sind die Knollennasenmännchen allenfalls im Ansatz zu erahnen, immerhin identifiziert man auf einer Zeichnung aber schon einen Hund und einen Stresemann, jenen Anzug, den seine bieder-bürgerlichen Figuren noch oft tragen werden. Der Stresemann-Träger sagt beruhigend: »Keine Angst – er beißt nicht«, während sein Hund den anderen Mann bereits halb verschlungen hat. Auf der anderen Zeichnung sitzen sich zwei Herren in Fauteuils gegenüber, der eine sagt: »... und das Beste – meine Frau hat keine blasse Ahnung!« Besagte Dame kauert derweil, deutlich erkennbar, im Kronleuchter und beobachtet das Ganze. Sicher nichts allzu Besonderes, aber eben ein Anfang. »Der Strich dieser Tuschezeichnung wirkt, wie auch der des ersten Bildes, sehr verkrampft und bemüht. Man erkennt, dass Loriot sich diese Zeichnungen geradezu abgerungen hat«, befand Loriot-Kenner Stefan Neumann.[55]

Reich werden konnte das junge Paar mit den gelegentlichen Arbeiten für das Wochenmagazin oder auch für das *Hamburger Abendblatt* natürlich nicht und auch wenn Vicco immer wieder als Werbegrafiker Jobs ergatterte, so machte ihn die Zahlungsmoral der Auftraggeber nicht froh. Am 1. März 1950 schrieb er wieder an seinen Vater, dass er von einer Kurverwaltung den Auftrag zur Gestaltung eines Werbelogos erhalten hätte. Er solle aber ohne Entlohnung und ohne Kaufverpflichtung seitens des Auftraggebers seine Entwürfe schicken, die nur dann entlohnt würden, wenn sie dem Entscheidungsgremium gefallen und letztendlich auch angenommen würden. Eine Tatsache, die Vicco von Bülow mehr als empörte. Er würde Lebensmittel schließlich auch nicht zuerst verzehren und danach die Bezahlung verweigern mit dem Hinweis, dass es ihm nicht gemundet hätte.[56]

Immerhin tat sich ein neues Betätigungsfeld auf. Am 27. August 1950 erschienen die ersten Zeichnungen für den *Stern*, fünf Cartoons zum Thema »Hochhaus« mit dem Titel: »Das ist die Höhe. Zeichnungen aus dem Hochhaus-Atelier von Loriot.« Stefan Neumann, der 2000 eine Doktorarbeit über Loriot verfasste, bewertete diese Arbeit als Loriots eigentlichen Karrierebeginn: »Sie markiert den Durchbruch hinsichtlich der künstlerischen Entwicklung, in deren Rahmen sich die Zeichnungen Loriots immer weiter vom eher kläglich zu nennenden Mainstream des gezeichneten Zeitungshumors seiner Zeit entfernen. Zudem nimmt die Popularität und Breitenwirksamkeit der Zeichnungen zu.«[57]

Dennoch blieb wenig zum Leben und auch die Wohnsituation war im Jahr 1950 weiterhin angespannt. Das winzige Acht-Quadratmeter-Zimmer ließ den künstlerischen Ambitionen wenig Raum. Auf dem Esstisch musste Vicco schreiben und zeichnen respektive auf dem Schreibtisch essen, denn es gab natürlich nur einen Tisch und einen Stuhl. Und seine Wirtin, jene gute Frau Groß, saß gern plaudernd auf seiner Bettkante, während er zu arbeiten versuchte. Auch die Aufträge für *die strasse* wurden weniger. Nach Veränderungen in der Redaktion der Zeitung fühlte sich Vicco von Bülow mit seinem Humorverständnis dort nicht mehr wohl. Kurz: Das Paar stand vor einer mehr als ungewissen Zukunft.

Umso erstaunlicher, dass die beiden am 8. Mai 1951 in der Dorfkirche zu Hamburg-Nienstedten den großen Schritt wagten und heirateten. Dem voraus ging, wie es sich ziemte, ein formeller Heiratsantrag. Aber auch er geriet zum Ausweis absurder Komik. Fand er doch auf einem Friedhof statt. Genauer gesagt hielt Vicco von Bülow auf dem Ohlsorger Friedhof um Romis Hand an. Und sie sagte »Ja« – trotz des außergewöhnlichen Ortes für einen Heiratsantrag.[58] Das Paar bezog eine Einzimmerwohnung mit Küchen- und Badbenutzung in der Nähe des Dammtorbahnhofs.

Von wegen auf den Hund gekommen

Im Frühjahr des Jahres 1953 eröffnete sich plötzlich und unerwartet eine ganz neue berufliche Perspektive. Die Zeitschrift *die strasse* war schon lange eingegangen, aber im selben Verlag erschien noch eine andere Illustrierte, seinerzeit noch recht unbekannt: der *Stern*. Für den konnte Vicco von Bülow immer mehr veröffentlichen. War der erste Versuch 1950 noch eine Eintagsfliege gewesen, folgten in den beiden Jahren danach immerhin 13 weitere Veröffentlichungen. Nicht atemberaubend viel für zwei Jahre, aber es wurde mehr.

Es kam das Jahr 1953 und der bisherige Höhepunkt. Der Chefredakteur des *Stern*, Henri Nannen, gerade mal zehn Jahre älter als Vicco von Bülow und 1948 als Gründer der Zeitschrift in Erscheinung getreten, fand Gefallen an einer Idee des Zeichners, der sich hinter dem kryptischen Pseudonym Loriot verbarg. Die neue Serie sollte den Titel tragen: »Auf den Hund gekommen.« Sie startete im Februar 1953 mit zehn Zeichnungen, einer ganzen Seite im Heft.

Darin nehmen kleine Männchen mit Knollennase, Stresemann und Melone auf dem Kopf die Rolle des Hundes ein und machen dazu Bemerkungen: Sie lecken dem Herrchen das Gesicht ab, wühlen in der Abfalltonne oder machen es sich in der Besucherritze des Ehebetts gemütlich. Allein diese kleine Verdrehung der Rollen machte aus den alltäglichen Szenen ohne jeden Unterhaltungswert groteske und freche Komik. Ein erstes Meisterstück dieses Loriot, das allerdings in der humorfremden Schaffenszeit des Wirtschaftswunders kaum Anklang fand.

Nicht nur das. Henri Nannens Redaktion wurde mit wütenden Briefen überflutet, die Kommentare waren drastisch. So schrieben Leser in ihren Briefen im Juni 1953: »Die Bildfolge von Loriots ›Auf den Hund gekommen‹ ist ekelerregend und menschenunwürdig und kann einem das Interesse an Ihrer Zeitschrift *Stern* verleiden. Humor soll in einer solchen Zeitschrift nicht zu kurz kommen, aber derartige Zeichnungen sind alles andere als belustigend. Sie sind widerlich.« Oder es hieß: »Die Bilder sind so beschämend scheußlich, daß ich nicht eher wieder einen *Stern* kaufe, bis die Bildreihe beendet ist. Mit mir sind auch alle Bekannten einig. Soll die widerliche Bildreihe ein Scherz sein?« Oder gar: »Ich sehe in den Bildern eine starke Herabsetzung des ›Homo sapiens‹. So weit darf es doch nicht gehen. Können Sie denn nicht endlich damit Schluß machen? Mir wird speiübel dabei.«[59] Am lautesten protestierte aber der Klerus, der in der Umkehrung der Verhältnisse gar eine Gotteslästerung sah.

Nur sieben Folgen gab es schließlich, dann nahm Nannen die Serie aus dem Heft. Und polterte auch noch erbost über den Zeichner mit dem prägnanten Pseudonym: »Der weiß genau, warum er seinen Namen verschweigt. Um seiner Familie die Schande zu ersparen!«[60] Die Cartoons bezeichnete er nunmehr als »Geschmiere« und tobte weiter, er wolle den Kerl nie wieder im *Stern* sehen. Der ehemalige Redakteur Günter Dahl erinnerte sich: »Oft auf seine Fehlentscheidung angesprochen, gab er stets zur Antwort: ›Das habe ich nie gesagt!‹ Und natürlich hat er ihn später zum *Stern* zurückgeholt.«[61] Am 12. Juli 1953 wurde »Auf den Hund gekommen« zum letzten Mal abgedruckt, erst im November 1953 »begnadigte« Henri Nannen den Zeichner.

Weit weniger Probleme hatte Vicco von Bülow mit der seit Juni 1953 in der Kinderbeilage des *Stern* abgedruckten Serie »Reinhold das Nashorn«. Sie war vom Bann des Patriarchen ausgenommen und erschien schließlich beachtliche 17 Jahre lang.

Gelohnt hat sich die Aufregung um die Hunde-Serie dennoch, denn nicht nur erstmals bundesweite Aufmerksamkeit war Vicco von Bülow dadurch zuteilgeworden, auch seinen langjährigen Verleger Daniel Keel, der kurz zuvor in Zürich den Diogenes Verlag gegründet hatte, sollte er durch die Serie kennenlernen. Und mit ihm ein Leben lang zusammenarbeiten.

Erst bot er die umstrittenen Bildepisoden dem etablierten Hamburger Rowohlt Verlag an. Erfolglos jedoch. Ernst Rowohlt höchstpersönlich sagte zu dem Nachwuchszeichner: »Junger Mann, recht hübsch, aber kein Buch.«[62] Diesen Irrtum soll man im Verlag noch heute bereuen.

Mitte Oktober 1953, kurz nach Ende der Frankfurter Buchmesse, schrieb ihm die Buchhändlerin Lieselotte Büchner, die von Bülow als »Schwester meiner Jugendliebe« vorstellte. Sie habe auf ebenjener Messe diesen jungen Verleger kennengelernt, den sie auf Mitte 20 schätzte (tatsächlich war Keel gerade erst 23 geworden) und den sie als »amüsant« und als Inhaber von »Stehhaaren und kariertem Hemd« charakterisierte. Er habe ihr erzählt, schrieb Buchhändlerin Büchner weiter, er suche moderne deutsche »Witzzeichner«. Sie empfahl dem jungen Vicco, ihn doch mal zu kontaktieren. Seine Karte legte sie bei. Und sie schloss: »Der Mann ist gelernter Buchhändler und vermutlich geschäftlich zuverlässig.«[63]

Womit sie ziemlich richtig lag. Der Schweizer Daniel Keel hatte zwar mit 14 Jahren die Schule abgebrochen und eine Lehre als Buchhändler angefangen. Aber trotz seiner Jugend war Keel mit dem Diogenes Verlag in Zürich 1952 (da war er kaum 21 Jahre alt) eine aufregende Neugründung gelungen. In den folgenden Jahrzehnten würde Diogenes an die 6000 Titel mit einer Gesamtauflage von fast 200 Millionen Exemplaren veröffentlichen.

Der Beginn aber war bescheiden und sehr holprig. 1952 publizierte Keel sein erstes Buch, die makabren Zeichnungen des britischen Cartoonisten Ronald Searle mit dem Titel *Weil noch das Lämpchen glüht*. Der Erfolg war bescheiden, aber schon hier war ein feines Pflänzchen am Sprießen. Zum einen, weil ja bald ein anderer Cartoonist in Keels Verleger-Leben treten würde, zum anderen, weil Friedrich Dürrenmatt das Vorwort schrieb. Der Schweizer Dramatiker würde alle seine eigenen Werke bei Keel verlegen lassen – worauf dieser sehr stolz sein konnte.

Größeren Erfolg als mit dem Buch von Searle versprach sich Keel von Vicco von Bülow, der dem Rat Frau Büchners folgte und bei Keel anrief. Vicco von Bülow reiste daraufhin nach Zürich, wo er ein gediegenes Verlagsgebäude erwartete, aber die von Keel angegebene Adresse war seine – nicht sonderlich geräumige – Privatwohnung. Die Verlagsmanuskripte hatte Keel unter das Bett geschoben. Dennoch oder gerade deswegen waren sich die beiden umgehend sympathisch und beschlossen eine Zusammenarbeit. Schon ein Jahr später, 1954, konnte Loriots erstes Buch, respektive Büchlein, *Auf den Hund gekommen* auf der Buchmesse zu Frankfurt vorgestellt werden. Ebenfalls 1954 erschienen im Stuttgarter Blüchert Verlag die ersten Folgen von »Reinhold das Nashorn« in Buchform.

Und auch privat hatte sich das Leben des Vicco von Bülow in eine hoffnungsvolle Bahn begeben: Am 25. Januar 1954 wurde Töchterchen Bettina geboren.

DER RUF AUS MÜNCHEN

Bereits im Jahr 1952 hatte Vicco von Bülow versucht, einige seiner Zeichnungen bei den Zeitschriften *Weltbild* und *Quick* unterzubringen. Im Oktober 1953 startete er einen weiteren Versuch, wieder jedoch bekam er von Helmut Wahl, dem zuständigen Redakteur, eine negative Antwort. Wahl jedoch erkannte durchaus das Potenzial des Zeichners und schickte ihm eine Karikatur aus der *Saturday Evening Post*, um von Bülow den Stil zu demonstrieren, den man sich im Münchner Thomas Martens Verlag vorstellte.

Vicco von Bülow reagierte sofort, skizzierte einige Ideen und schickte sie an Wahl. Sie fanden Gefallen, wurden vom Zeichner ausgearbeitet und erschienen schließlich am 26. Dezember 1953. Der Beginn einer Zusammenarbeit, die in den folgenden Monaten immer intensiver wurde. Man wollte Loriot sogar eine Festanstellung anbieten. Das kam dem, so kurz nach der Geburt seiner Tochter, natürlich sehr entgegen. Die Verhandlungen allerdings zogen sich hin, Loriot wollte Klarheit und schrieb einen Brief an Wahl, in dem er ein anderes Angebot erwähnte, das er anzunehmen gedachte. Zwei Tage später traf ein Telegramm bei den Bülows in Hamburg ein. Darin stand: »Bitte nicht anderweitig abschließen. Brief folgt. Wahl Weltbild.«[64]

Dann ging plötzlich alles ganz schnell und schon im Mai 1954, wenige Tage nach Wahls Telegramm, fuhr Vicco von Bülow nach München, um einen Vertrag als fester Mitarbeiter beim

Thomas Martens Verlag zu unterschreiben. Er verpflichtete sich, exklusiv für dessen Zeitschriften zu zeichnen, was bedeutete, dass im Mai 1954 auch die Zusammenarbeit mit dem *Stern* endete. Lediglich »Reinhold das Nashorn« war von der Exklusivität ausgenommen. Anfangs war Loriot vor allem in *Weltbild* vertreten, erst mit der Zeit rückte er in den Blickpunkt von *Quick*, der weit wichtigeren Illustrierten des Verlages und eines der bedeutendsten Magazine seinerzeit in Deutschland.

Quick hatte damals, was den Humor betrifft, einen hervorragenden Ruf. Hieran arbeitete vor allem der zuständige Redakteur Anton Sailer, der allgemein als »Humor-Toni« bekannt wurde. Neben Loriot stachen in dieser Zeit auch die Abenteuer des Detektivs Nick Knatterton heraus, die von Manfred Schmidt gezeichnet wurden. Es war ein Umfeld mit hoher Konkurrenz und ebenso hohem Niveau.

Kollege Peter Neugebauer

In dieser Zeit lernte Vicco von Bülow auch den Cartoonisten-Kollegen Peter Neugebauer kennen, mit dem ihn schon bald eine innige und schließlich lebenslange Freundschaft verbinden sollte. 1955 mieteten die beiden gemeinsam ein Studio in der Innocentiastraße im Hamburger Stadtteil Harvestehude, gleich um die Ecke von Vicco von Bülows Privatwohnung – zwei Zimmer im Dachgeschoss der Parkallee 36, wohin er mit Romi 1953 gezogen war. Dorthin leiteten sie auch gern die Anrufe aus dem Studio um, wenn sie nicht von Redaktionen an

Abgabetermine oder anderweitig Nerviges und Störendes erinnert werden wollten. Sie ließen die brave Romi dann schamlos ausrichten, sie seien zum Tanzen gegangen. Auch morgens. Nicht jeder verstand den Humor. Drüben, im Studio, lief derweil beruhigend Barockmusik und beide kritzelten eifrig und still vor sich hin.

In ihrem Studio wollten Vicco von Bülow und Peter Neugebauer große Projekte verwirklichen. Was allerdings nicht gelang. Exemplarisch dafür berichtete Neugebauer im *Stern* von einem dieser Vorhaben. An der Wand hatten sie einen großen Karton genagelt, zwei mal ein Meter fünfzig groß. Darauf sollte Stück für Stück ein großes mittelalterliches Schlachtenpanorama entstehen. Neugebauer begann links, von Bülow rechts unten, man wollte sich irgendwo in der Mitte treffen und jeder blieb natürlich in seinem Stil. »Fleißig skizzierte mein Freund an die fünf, sechs Krieger, ich gerade mal vier. Sein Grüppchen wirkte ohnehin voluminöser, schon der Loriot-Nasen wegen. Über ihnen und ringsumher wölbte sich der unendliche Raum in unschuldigem Weiß, und dabei blieb es.«[65]

Ansonsten aber war die gemeinsame Zeit, wenn schon nicht nachhaltig lukrativ, so wenigstens produktiv und mitunter sehr unterhaltsam. »Wenn wir nicht an dem Wandgemälde arbeiteten, saßen wir uns am Schreibtisch gegenüber und ›entwickelten Ideen‹. Außerdem trainierten wir uns regelmäßig im Ohne-pingelige-Bleistiftvorzeichnung-alles-gleich-in-Tinte-hinhauen.« Zu diesem Zwecke machten sie sich gegenseitig möglichst aberwitzige Vorgaben, zum Beispiel »Kopfstehender

Akrobat jongliert mit drei Bällen und spielt dabei Mundharmonika« oder »Boxer im Clinch unter Wasser«.[66] Der andere musste die Vorgabe dann binnen zehn Minuten mit einer kratzenden und tintenässenden Rohrfeder zeichnerisch umsetzen. Das Ergebnis wurde bewertet und man behielt die Zeichnungen des Freundes. Neugebauer verriet, dass er mit den Loriot-Skizzen einmal eine Dame zu angenehmen Kopfmassagen überreden konnte.

Frankfurter Verirrungen

Recht hartnäckig versuchte in dieser Zeit auch ein kleiner Frankfurter Verlag mit Namen Bärmeier und Nikel den aufstrebenden Vicco von Bülow zu einer Zusammenarbeit zu überreden. Erst 1953, dann im Juni 1954 landete eine Anfrage bei Loriot. Der lehnte ab, mit Hinweis auf seine Verpflichtung beim Thomas Martens Verlag und auch bei Diogenes. Im April 1955 hatte der kleine Frankfurter Verlag endlich Erfolg. Loriot beteiligte sich mit einer Zeichnung an einem Sammelband mit Namen *Lob der Faulheit*, der überraschend ein Erfolg wurde und mehrere Auflagen erlebte. Auch deshalb wollte man Vicco von Bülow weiterhin beschäftigen, und auch der gab seine ablehnende Haltung diesem Verlag gegenüber auf. So erschien zum Weihnachtsgeschäft 1955 der »unentbehrliche Ratgeber für das Benehmen in feiner Gesellschaft«, in dem Loriot einer Zeichnung mit der falschen Verhaltensweise jeweils auf der gegenüberliegenden Seite das »richtige« Benehmen vorstellt.

Weil aber Loriot sein nächstes Buch, gesammelte Zeichnungen aus den Illustrierten *Quick* und *Weltbild*, wieder bei seinem Freund Daniel Keel und dem Diogenes Verlag veröffentlichte, reagierte man bei Bärmeier und Nikel reichlich pikiert. Obwohl er keinerlei Verpflichtung dazu hatte, ließ sich der gutmütige Vicco von Bülow auf eine weitere Zusammenarbeit ein, um die Wogen zu glätten. Die erste dieser Arbeiten (*Wie wird man reich, schlank und prominent?*) wurde noch recht ordentlich und erfolgreich, zwei weitere (*Auf dem Leim gegangen* und *Wie gewinnt man eine Wahl?*) aber verloren deutlich an Qualität. Vor allem missfielen Vicco von Bülow die Texte von Egon Jameson, die er bebildern sollte, oft bereits, bevor der genaue Wortlaut vorlag. Am 16. Februar 1957 schrieb er dem Verlag einen Brief, in dem er klarmachte, dass er jahrelang an seinem Stil gefeilt hatte und seine Arbeiten nun nicht im Zusammenhang mit Texten minderer Qualität verwendet und verunglimpft sehen wollte. Ein weiterer Brief von Daniel Keel, der auf Loriots Bindung an Diogenes verwies, beendete 1958 endlich die »Nachstellungen« seitens Bärmeier und Nikel. Mit dem umtriebigen Hans Nikel aber sollte Vicco von Bülow dennoch schon bald wieder zusammenarbeiten.

4. Ein Preusse in Bayern

Kleine Fische

Es war ein überraschender und für die damalige Zeit sicherlich auch nicht alltäglicher Schritt, den die Familie von Bülow, also Vicco, Romi und Bettina, zudem der Neufundländer Lukas, im Winter 1957/58 vollzog. Mobile Arbeitnehmer sind schließlich eine Erfindung späterer Jahrzehnte. Aber der feste Vertrag beim Thomas Martens Verlag, der die Zeitschriften *Quick* und *Weltbild* publizierte, in denen der Zeichner regelmäßig veröffentlichte, machte es angesichts der damaligen Kommunikationsmittel (Loriot hätte seine Zeichnungen mit der Post schicken müssen) nötig, dass er in die Nähe des Arbeitgebers umsiedelte. Der gebürtige Brandenburger, der jahrelang in Berlin und Hamburg, bestenfalls noch auf dem niedersächsischen Hinterland gewohnt hatte, zog nun plötzlich in den allertiefsten Süden. Der Bilderbuchpreuße siedelte sich ausgerechnet im kernigsten Oberbayern an, mit Blick auf ein wunderschönes Alpenpanorama.

Für seine kleine Familie, inklusive Vater und Stiefmutter, mietete Vicco von Bülow das ehemalige Anwesen des Malers Leo Putz, der 1940 verstorben war. Das Haus war 1921 von Hans Göpfert erbaut worden. Es besteht aus einem Hauptbau mit Mansardwalmdach, dazu symmetrische Seitentrakte mit chorartigen Abschlüssen. Es liegt heute am Leo-Putz-Weg 1 in Gauting bei München. Und gilt laut der Bayerischen Denkmalliste als Baudenkmal. Ein imposantes Haus in guter Lage, für Vicco von Bülow deshalb damals ein echtes Risiko. Und kaum waren sie eingezogen, kam am 1. März 1958 auch schon die zweite Tochter der Eheleute Romi und Vicco von Bülow zur Welt, Susanne.

Schon 1957 hatte ein aus heutiger Sicht recht eigenartiges Intermezzo in der Karriere des Humoristen und Zeichners Vicco von Bülow begonnen. Er spielte nämlich bis 1961 in kleinen Rollen in vier Spielfilmen mit; drei davon waren Kriegsfilme.

Der erste hieß *Haie und kleine Fische* nach einem Bestseller von Wolfgang Ott aus dem Jahr 1954. Darin schilderte der Autor in sehr drastischen Beschreibungen den brutalen Alltag und das Sterben bei der deutschen Kriegsmarine. Der Titel bezieht sich einerseits auf den Schauplatz des Geschehens, das Meer, aber es wurden damals die U-Boote gern als »Haie« und die Minenräumer als »Kleine Fische« bezeichnet. Der Titel ging später sogar als geflügeltes Wort in den Sprachgebrauch über.

Als Regisseur war Frank Wisbar eingesetzt, einer der schillerndsten seiner Zunft im bundesdeutschen Nachkriegsfilm, nachdem er wegen seiner jüdischen Ehefrau in den 1930er-Jahren in die USA emigriert war und auch dort erfolgreich gearbeitet hatte. Wisbar hatte ein Faible für kriegerische Themen, vor allem die Aufbereitung des Zweiten Weltkrieges befand sich in dieser Zeit in einer Hochphase. Wenngleich dies nicht immer – wie vielleicht heute – mit der nötigen Kritik an den politischen Ursachen geschah, sondern die menschlichen und zwischenmenschlichen Schicksale in den Mittelpunkt gerückt wurden. Später (und deutlich erfolgreicher) verfilmte Wisbar noch in *Nacht fiel über Gotenhafen* das Drama um die »Wilhelm Gustloff« oder in *Hunde, wollt ihr ewig leben* das grausame Sterben in Stalingrad.

In der Hauptrolle von *Haie und kleine Fische* sah man Hansjörg Felmy als Marinesoldat Teichmann. Der ist in Edith, die Frau von Flotillenchef Erich Wegener, verliebt, er rettet diesem aber dennoch das Leben. Wegener (Heinz Engelmann) erblindet und ist fortan ganz auf seine Frau angewiesen, die sich auch aufopferungsvoll um ihn kümmert. Teichmann stürzt sich, angetrieben durch seinen Liebeskummer, wieder ins Kriegsgeschehen und erlebt in der Folge dessen ganzes Grauen. Der Film könnte als eine Art Vorläufer des späteren Buch- und Filmerfolgs *Das Boot* bezeichnet werden. Der *Spiegel* urteilte über den Film: »Kriegsfilmtypisch verdeckt das private Drama die nationale Tragödie, wird die Schuld der Väter durch die ödipalen Verstrickungen der Söhne verdeckt.«[67]

Im Ensemble waren neben den Genannten auch Horst Frank, Siegfried Lowitz und Wolfgang Preiss. Die Dreharbeiten fanden im Sommer 1957 in den Bendesdorfer Ateliers bei Hamburg statt. Eher zufällig standen Vicco von Bülow und sein Freund und Kollege Peter Neugebauer am Rande und sahen bei den Drehs zu. Peter Neugebauer erinnerte sich an den Moment, als er und Loriot zu Schauspielern wurden. »Schauspieler und Statisten nahmen ihre Positionen ein, und los ging's.

Stopp. Aufs Neue ging's los. Wieder stopp. Regisseur Wisbar sann, etwas gefiel ihm nicht. Unschlüssig sah er zu uns hinüber. Dann die höfliche Anfrage: ›Hätten Sie vielleicht Lust …‹ Es fehlte an Mannschaft.«[68] Die beiden wurden flugs in Matrosenuniformen gesteckt, und Vicco bekam sogar einige Sätze zugedacht, die er sogleich auswendig zu lernen begann.

Am Anfang ging es aber hauptsächlich um sein Bein, welches stundenlang für Probeaufnahmen herhalten musste. Vicco von Bülow musste sich so hinlegen, dass sein Bein über die Kante eines Hochbettes hing und so eine Art Bildbegrenzung am oberen Rand darstellte. Auf dieser Position konnte er die Szenerie um ihn herum wohl gut beobachten und genoss es, nach einem langen Drehtag im Bett direkt nach Hause ins Bett – diesmal sein eigenes – zu gehen.[69]

Auch der nächste Drehtag verlief unaufregend, immerhin wurde von Jungschauspieler von Bülow jetzt das bisschen Text, das er auswendig gelernt hatte, abgerufen. Einen richtigen Rollennamen aber hatte er noch nicht. Als »Matrose D« hatte er folgende Sätze respektive Satzfetzen respektive Worte zu rezitieren:

»Wo haben sie dich denn losgelassen, Kleiner?«
»Na, denn komm man rein, du loser Vogel.«
»Das war Leutnant Pauli, der erste Wachoffizier von der Albatros.«
»Meistens.«
»Wie der Leutnant geworden ist, möchte ich wissen.«

Dazu musste der gelernte Karikaturist noch mimische Höchstleistungen vollbringen, die er selbst so schildert, dass er den Auftrag bekam, lauthals zu lachen – und das sehr lange. Am Ende war er den halben Drehtag damit beschäftigt, möglichst laut und mitreißend zu lachen, rauchte unterstützend jede Menge Zigaretten und fühlte sich letzten Endes extrem gestresst von so viel erzwungener Heiterkeit.[70]

Dabei hatten die Dreharbeiten erst am Nachmittag begonnen. Trotz gelegentlicher Textschwächen war man nach zwei Stunden fertig. In seinen Notizen berichtete von Bülow, man habe ihm versichert, er sei eine Entdeckung.

Dennoch gelangte er auch an seine zweite »Sprechrolle« eher zufällig. Wieder ging es um einen Kriegsfilm, wenngleich dieser auch ungleich erfolgreicher werden sollte: *Die Brücke* unter der Regie von Bernhard Wicki. Eigentlich hatte Vicco von Bülow nur einmal die Dreharbeiten bei einem von Wickis Filmen beobachten wollen, aber der Regisseur gab ihm eine Kleinstrolle – so konnte er ungestört am Set bleiben. Diesmal bekam Vicco sogar einen Namen, er musste als »Stabsfeldwebel Queißer« mehrfach das Codewort »Bienenkorb« ins Telefon sagen. Die Dreharbeiten verliefen zumindest für ihn reibungslos, die Uraufführung des beachtenswerten Films war am 22. Oktober 1959 in Mannheim.

Auch wenn dies natürlich ebenfalls ein Einsatz war, der von kaum jemandem wahrgenommen wurde, so hatte Vicco von Bülow es immerhin geschafft, in einem der erfolgreichsten

Filme der unmittelbaren Nachkriegszeit teilzunehmen. Zahlreiche Bundesfilmbänder in Gold, ein Golden Globe Award und die Nominierung für den Oscar waren nur die herausragenden Auszeichnungen, die der Film zuerkannt bekam, in dem der Wahnsinn der letzten Kriegstage nachgezeichnet wurde – am Beispiel einer Handvoll Kinder und Jugendlicher, die völlig sinnlos eine Brücke verteidigen sollten.

Überdies war Bernhard Wicki von den Fähigkeiten Vicco von Bülows als Kleindarsteller so angetan, dass er ihn sogleich für sein nächstes Projekt verpflichtete. *Das Wunder des Malachias* hieß der Film, endlich einmal kein Kriegsfilm, sondern eine Satire auf die Jahre des Wirtschaftswunders. Der fromme Mönch Malachias vollbringt darin durch seine Gebete ein Wunder – ein verruchtes Lokal mit Namen Eden wird vom lieben Herrgott mit jedem Stein und sämtlichem mobilen und immobilen, leblosen und lebenden Inventarien aus der Gelsenkirchener Stadtmitte auf eine Nordseeinsel versetzt. Doch anstatt Läuterung folgt nur noch weitere und immer schamlosere Geschäftemacherei. Vicco von Bülow bekam von Wicki die Rolle des Dr. Joachim Schöninger zugedacht, einen reichlich kauzigen Professor. Die Dreharbeiten im Herbst 1960 führten ihn bis nach Gelsenkirchen. Er war also in der nicht ganz so glamourösen Welt des Films angekommen.[71] Doch immerhin lernte er Stars wie Senta Berger, Horst Bollmann oder Günter Pfitzmann kennen. Der Film wurde am 3. Juli 1961 in Berlin uraufgeführt.

Das lustige Intermezzo als Kleindarsteller endete folgerichtig aber wieder mit einem (Anti-)Kriegsfilm. Jenes Erlebnis aber war so furios, dass man sich wundern konnte, dass Vicco von Bülow anschließend diese »Karriere« nicht fortgesetzt hat. Denn in *Der längste Tag*, einer Hollywood-Produktion, spielte er an der Seite von Richard Burton, Sean Connery, Gert Fröbe, John Wayne, Henry Fonda, Robert Mitchum, Rod Steiger, Robert Wagner, Hans Söhnker und vielen anderen. Und schließlich gewann der Film auch noch zwei Oscars, sodass sich Loriot irgendwie als Oscar-Gewinner fühlen durfte. Was er in preußischer Bescheidenheit sicher stets weit von sich wies. Auch rettete dieser Film mit seinem großen kommerziellen Erfolg die 20th Century Fox vor dem Bankrott, hatte die sich doch just mit dem Leinwand-Spektakel *Cleopatra* verhoben und allein die Einnahmen aus *Der längste Tag* wendeten das Desaster ab.

Der zu den aufwendigsten Filmen dieser Zeit gehörende Streifen schildert die Landung der Alliierten in der Normandie am 6. Juni 1944. Vier Regisseure (Andrew Marton, Darryl F. Zanuck, Gerd Oswald und Bernhard Wicki) sollten die Ereignisse aus verschiedenen Blickwinkeln darstellen, aus einer amerikanischen, einer britischen, einer französischen Perspektive – und es gab einen deutschen Teil, den Bernhard Wicki übernahm. Der holte sich seinen Lieblingskleindarsteller und steckte ihn mal wieder in eine Nazi-Uniform. Ab August 1961 wurde fast neun Monate lang gedreht, von Bülows Einsatz beschränkte sich aber auf wenige Tage.

Vicco von Bülow hinterließ im Kino der späten 1950er- und frühen 1960er-Jahre eine beeindruckende Bilanz. Er spielte in vier Filmen mit, wovon zwei für Oscars nominiert wurden und einer sogar diese Trophäe (und gleich zweifach) gewann. Wirklich als Schauspieler konnte er sich dennoch erst fast 30 Jahre später fühlen.

ANGESIEDELT

Als *Der längste Tag* Ende Oktober 1962 in den deutschen Kinos startete, war Vicco von Bülow längst wieder in sein normales Leben zurückgekehrt. Im September 1962 war die erste Nummer des Satiremagazins *Pardon* erschienen, herausgegeben von seinem Verleger einiger früher Bücher, Hans A. Nikel, der sich dafür der Unterstützung einiger alter Weggefährten versichern konnte. So wirkten am ersten Heft Erich Kästner, Hans Magnus Enzensberger und eben auch Loriot mit. Er gestaltete immerhin das allererste Cover. Es war knallrot, was sicher auch politisch zu verstehen war, darauf ein gezeichnetes Knollennasenmännchen, das ein Blumenbukett in die Höhe hält, in dessen Mitte an einer dicken Bombe schon die Lunte brennt. Ein Freundschaftsdienst war dies, denn das Honorar dürfte eher knapp ausgefallen sein. Haupteinnahmequellen waren weiterhin die Cartoon-Seiten in der damals sehr populären Illustrierten *Quick*, die Dauerserie »Reinhold das Nashorn« im *Stern* sowie einige Werbekampagnen.

Diese wurden zu Beginn der 1960er-Jahre immer zahlreicher, äußerlich noch im bieder-betulichen Stil der Wirtschaftswunderjahre gehalten. Aber drinnen versteckt, da fand jeder, der wollte, schon den feinen, staubtrockenen Witz, der später vor allem auch die Fernsehsketche Loriots prägte. So etwa bei einer Anzeigen-Kampagne für den Fotoapparat Agfa Isomat Rapid, zu der er einige Zeichnungen anfertigte, die er mit launigen Beschreibungen untertitelte. Auf einem sieht man einen aufgebrochenen Safe, links davon steht ein knollennasiger Einbrecher, der mit der Kamera nach rechts schwenkt in Richtung von fünf ebenso knollennasigen Polizisten mit Hund. Der Untertitel lautet sinngemäß, dass Fachleute, die unter Zeitdruck stehen, gerne das Kameramodell ISOMAT-RAPID wählen.

Laut dem bekannten Werbetexter Reinhard Siemes folgten die meisten seiner diesbezüglichen Zeichnungen dem Chaosprinzip, wonach die Ordnung zerstört wurde und erst durch das beworbene Produkt wieder ins Gleichgewicht kam. Zum Beispiel in der Werbung für ein Bier. Ein Mann steht da mit einer Motorsäge in der Hand und blickt auf sein Haus, das unter dem mächtigen, offenbar gerade gefällten Baumstamm begraben liegt. Darunter steht nur: »... und jetzt ein Bier ... ein Paderborner.« Dieses Prinzip erkannte Siemes in Loriots Werk, über ebenjene Werbung bis in die späteren Filme, als den hindurchschimmernden roten Faden. Denn: »Perfektionisten haben einen viel schärferen Blick für Dinge und Situationen, die nicht so sind, wie sie sein sollten. Loriots konstruierte Missgeschicke, vor allem die reduzierte Form, befanden sich im wunderbaren Widerspruch zum ›Mief‹ der 1950er-Jahre.«[72]

Dabei kam dem Zeichner entgegen, dass die Firmen einerseits weg wollten »von retuschierten Genießergesichtern in Cocktailsesseln oder zementartigen Produktbildern«, wie Siemes weiter schrieb, und zugleich noch selbstironisch und inhaberzentriert genug waren, dass der schräge Witz von Loriot für ein paar Jahre die deutsche Werbelandschaft mitprägen konnte. Was etwas später so nicht mehr möglich gewesen wäre. Auch zahlten Werbekunden ungleich besser als die seinerzeit schon sehr kostenbewussten Zeitschriften- und Buchverlage. So gab es in jenen Jahren fast nichts, für das Loriot nicht werbezeichnete: Weinbrand (»Scharlachberg«), Ozeandampfer (»MS Bremen«), Deodorant (»8×4«) oder Vollmilchschokolade (»auto-cola«).

Noch ein anderes Projekt überdeckte die Filmarbeiten mit Wicki und Co. Anfang der 1960er-Jahre nämlich kaufte Vicco von Bülow ein Grundstück in Ammerland, eine kleine, sehr abgelegene und nur über schmale Zufahrtsstraßen zu erreichende Gemeinde am Starnberger See. Sehr ruhig, auch heute noch, wo die Gegend mitunter schon recht überlaufen ist – damals war es sicher ein kleines Paradies. Vicco von Bülow zeichnete selbst die Entwürfe zu seinem Traumhaus, ein Jahr dauerte das, bevor der Ammerländer Architekt Sepp Böck mit der Umsetzung beginnen und ehe die gesamte Familie im Herbst 1963 einziehen konnte.

Er kommentierte den Hausbau, indem er um Vergebung bat, dass er als gesellschaftskritischer Geist dennoch materiellen Wohlstand zu erlangen gedachte.[73] Vicco von Bülow war 40 Jahre alt, als er endlich eine dauerhafte Heimat gefunden hatte, von der er auch nicht mehr fortzog.

4. Ein Preusse in Bayern

Der Zeichner Loriot

In seinem »Hauptberuf«, dem des Cartoon-Zeichners, waren seit Ende der 1950er-Jahre eine klare Handschrift und auch ein thematisches Profil erkennbar. Es sind die »Ratgeber-Zeichnungen«, die allerdings auch immer wieder Leserbriefschreiber zum Protest animierten, so schon bei »Auf den Hund gekommen«.

Am 24. Juni 1958 schrieb ein Leser: »Wieso kommt ein Künstler, der doch ein gewisses Maß von Allgemeinbildung besitzen muß, dazu, den Menschen, die Krone der Schöpfung, in solch unbeholfener Form darzustellen? Soweit es mich betrifft, so protestiere ich gegen die Zumutung, mir solche Bilder vorzusetzen und solchen Text zum Lesen anzubieten.«[74]

Am 7. Februar 1959 ein anderer: »... Seit Jahr und Tag ärgere ich mich über Ihren Zeichner Loriot, und wahrscheinlich nicht nur ich allein! Ich kann die gezeichneten gnomhaften Dutzendgesichter nach Schema F, die ebenso gequält wie seelisch geschädigt aussehen und auch so empfunden werden, nicht mehr sehen! Ein Vorschlag zur Güte: Lassen Sie die für Herrn Loriot vorgesehenen Seiten leer – zur Freude vieler!«[75]

Es waren Einzelmeinungen. Denn es erschien eine ganze Reihe von Ratgeber-Büchern in den folgenden Jahren im Diogenes Verlag und sie alle verkauften sich prächtig – teilweise bis heute. Es waren jeweils gesammelte Zeichnungen, die vorher bei seinen Geldgebern *Quick* und *Weltbild* erschienen waren. 1957 kam *Der gute Ton. Das Handbuch der feinen Lebensart* auf den Markt, ein Jahr später dann *Der Weg zum Erfolg. Ein erschöpfender Ratgeber in Wort und Bild.* Und in diesem Tempo ging es weiter, alle ein bis zwei Jahre erschien ein Sammelband: *Wahre Geschichten. Erlogen von Loriot* (1959), *Für den Fall. Der neuzeitliche Helfer in schwierigen Lebenslagen* (1960), *Umgang mit Tieren* (1962), *Der gute Geschmack. Erlesene Rezepte für Küche und Karriere* (1964), *Neue Lebenskunst in Wort und Bild* (1966) und schließlich *Loriots großer Ratgeber* (1968). Rund eine Million Bücher sollte er bis Anfang der 1970er-Jahre bereits verkauft haben.

Der Germanist Stefan Neumann fasste das in seiner Dissertation über Loriot so nüchtern wie treffend zusammen, wenn er schrieb, dass Loriot zu dieser Zeit seinen Stil verfeinerte und gleichzeitig immer größere Erfolge feierte. Zum 31. Dezember 1970 kündigte er die Zusammenarbeit mit dem Thomas Martens Verlag und damit mit *Quick* und *Weltbild.* Denn längst war sein berufliches Schaffen in eine neue Dimension, in ein neues Medium eingetreten: das Fernsehen.

5. Erste Gehversuche im Stehen

Ein rotes Sofa aus dem Fundus

Es war keineswegs erst Ende der 1960er-Jahre, als Loriot zum ersten Mal im Fernsehen auftauchte. Schon am 10. Dezember 1957 moderierte er eine Rateshow beim Süddeutschen Rundfunk (SDR) in Stuttgart. Sie hieß *Wie gut, daß niemand weiß* und folgte dem Spielkonzept, dass eine Gruppe Prominenter Begriffe raten musste, die Loriot aufzeichnete.

Der große Autor und Dichter Robert Gernhardt erinnerte sich später in einem Zeitschriftenartikel an diese Begegnung, die für ihn die erste mit Loriot war: »Er lief nicht, sondern stand vor den Fernsehkameras, da er eine absonderliche Show zu moderieren und zu gestalten hatte. Anhand rätselhafter Zeichnungen, die Loriot mit Kohle aufs Packpapier warf, sollten prominente Gäste prominente Namen erraten; ich erinnere mich an flink gezeichnete acht Zylinder, die einen Achtzylinder meinten, welcher wiederum auf den Rennfahrer Bernd Rosemeyer verwies – die Gäste, darunter die so ständig wie grundlos lachende Liselotte Pulver, rätselten und rätselten.«[76]

Der erste Versuch blieb ein Versuch. »Die wenigen überlieferten Kritiken sind recht durchwachsen. Loriot selbst ist nicht zufrieden mit diesem Auftritt, sodass diese Show ein einmaliges

Unternehmen bleibt«[77], hat der Germanist Stefan Neumann herausgefunden, der für seine Dissertation die Gelegenheit hatte, Loriots Privatarchiv zu sichten. Allerdings war Loriot 1958 noch zwei weitere Male im SDR zu sehen, in den Sendungen *Fleckerlteppich* und *Frechste Schau der Welt*. Schon anhand der Titel mag man ahnen, dass auch diese kein Erfolg wurden. Der kam aber noch. Allerdings Jahre später.

Der Herr, der dann vor die Kamera trat und mit sehr seriöser Miene »Meine Damen und Herren« raunte, er sah nicht aus wie ein Fernsehstar, war nicht lustig wie der barocke Lou van Burg oder verschmitzt wie der joviale Peter Frankenfeld. Der Herr war 43 Jahre alt, wirkte jedoch mit seinem braven Anzug und dem seitengescheitelten, schon etwas ausgedünnten Haar mindestens zehn Jahre älter. Schon der Vorspann war von gediegener Langsamkeit. Schwarze Buchstaben auf weißem Grund wechselten mit weißen Buchstaben auf schwarzem Grund. Sie liefen durchs Bild, ploppten einzeln auf. Einzelne Buchstaben, Wortteile und schließlich das ganze Wort: Cartoon.

Es war der Titel einer neuen Fernsehsendung, produziert vom Süddeutschen Rundfunk (SDR). An diesem 5. Februar 1967, ein Sonntag, wurde sie um 21.45 Uhr für eine Dreiviertelstunde erstmals in die deutschen Wohnzimmer gesendet. Nach der spartanischen Begrüßung folgte eine langwierige Erklärung des Begriffs Cartoon, wie er im viktorianischen England entstanden war und sich als Synonym für das deutsche »Witzzeichnung« schließlich durchgesetzt hatte. Alles sehr gediegen und weit entfernt von bisherigen Humor-Gewohnheiten. Plötzlich lief ein älterer Herr mit Glatze durchs Bild, der eine Zeitung knitterte und knüllte. Der Moderator machte nur eine kurze Drehung nach links samt angedeuteter Armbewegung und sagte: »Das ist Herr Störk.«

Dieser Moderator war Vicco von Bülow, damals bundesweit schon recht bekannt als Loriot, der Zeichner. In dieser neuen Sendung hatte er die Aufgabe, eine Auswahl der aktuellen nationalen und internationalen Cartoons zu präsentieren. Dazu sollte und wollte er auch immer eigene Werke beisteuern. Und dieser erste Loriot-Cartoon war gleich ein richtungweisender Versuch, denn Stil und Motive sind dem Kenner noch heute sehr vertraut. Ein Politiker mit Namen Professor Claus-Günther Weber sprach darin über das Wesen der deutschen Humorproduktion, über die »Humor-Exportquote«, über eine »18,6-prozentige Steigerung des Humorkonsums in Baden-Württemberg«. Schon hier, in Schwarz und Weiß, in diesem ersten Versuch, wurde das neue Prinzip, das den Loriot-Trickfilmen innewohnt, sehr deutlich. Loriot wollte nicht das unruhige Tempo des gerade Üblichen – ihn bestachen Langsamkeit und damit ungewohnte Nähe zur Realität.

Begonnen hatte alles im Herbst des Jahres 1966. Ausgehend von Heinz Huber, einem bekannten Dokumentarfilmer und Leiter der Redaktion *Zeichen der Zeit*, die von der Stuttgarter Dokumentarfilmschule seit Ende der 1950er-Jahre geprägt wurde. Die süddeutschen Filmemacher gelten vielen nicht umsonst als eigentliche Erfinder des Fernsehens. Das

Markenzeichen dieser »Stuttgarter Schule« war es, durch sehr genaues Abbilden von scheinbar banalen und alltäglichen Dingen wie eine Tanzschule oder die Versammlung eines Schützenvereins die deutsche Realität wiederzugeben. Huber hatte die Idee zu einer Sendereihe, die den Humor der Zeit dokumentarisch abbilden sollte. Allerdings als Teil seiner Doku-Abteilung und nicht etwa in der Unterhaltung angesiedelt. Er erzählte seinen Geistesbrüdern Dieter Ertel, damals Leiter der Dokumentarabteilung des SDR, und Georg Friedel, Dokumentarfilmer, von der Idee und auch diese beiden waren als Freunde der Witzzeichnung davon angetan. Nun brauchte es nur noch den geeigneten Moderator. Ertel schlug schließlich Loriot vor, den renommierten Zeichner des *Stern* und der *Quick*.

Huber war einverstanden und schickte Ertel los, diesen Loriot für die Sendung zu gewinnen. Er schrieb ihm einen Brief, wurde zum Hausbesuch gebeten und machte sich sogleich zusammen mit dem Redaktionsassistenten Peter Kleinknecht auf nach Ammerland am Starnberger See. »Doch der höfliche Herr war skeptisch. (...) Er meinte, es sei unüblich und vielleicht unstatthaft, dass ein Zeichner im Fernsehen die Werke seiner Kollegen vorstellt und beurteilt«[78], erinnerte sich Dieter Ertel später an diese erste Begegnung. Doch als die beiden nach 14 Tagen Bedenkzeit wieder telefonierten, sagte Vicco von Bülow zu. Wenige Wochen später reiste er nach Stuttgart, um die Moderation für die Premiere aufzuzeichnen. Alles Weitere sollte sich dann entwickeln.

5. Erste Gehversuche im Stehen

Für Vicco von Bülow war das Angebot des SDR ein riesiger Glücksfall. Länger schon drängte es ihn weg von den Illustrierten, die ihm, wie er später bekannte, nicht mehr lange ausgereicht hätten. Dem Reiz des neuen Mediums erlag er bereitwillig. Finanziell war er nicht auf Fernsehformate angewiesen, zumal damals nicht besonders bezahlt wurde. Doch es war die Faszination des Neuen, die ihn reizte, die Möglichkeit, sich auszuprobieren und Ideen einzubringen.

Das rote Sofa, ein Empire-Stilmöbel, das Ertel im Fundus des SDR aufgestöbert hatte, war dem preußischen Cartoonisten gleich kommod. Noch war es jedoch nicht rot, sondern schwarz-weiß, aber das sollte sich später ändern. Weniger konnte er sich mit einem grotesken Element anfreunden: Alexander Störk, der in jeder Sendung irgendwie auftauchte, stumm und sinnfrei. Nonsens war Loriot fremd.

Die ersten Sendungen waren noch nicht in Farbe und obwohl man dem Sendungstitel *Cartoon* den Untertitel »Ein Streifzug quer durch den gezeichneten Humor« hinzufügte, der erst nach Folge 14 wegfiel, entstand etwas Verwirrung beim Publikum. Vicco von Bülow kannte das ja spätestens seit der Zeichenserie »Auf den Hund gekommen«.

So erreichte ihn nach der ersten Sendung interessante Zuschauerpost, die Vicco von Bülow gern wiedergab. Das Wort »Cartoon« hatte nämlich zu Verwirrung geführt und wurde teilweise missverstanden. Ein Mann meldete sich beispielsweise, dass er leider die Sendung verpasst habe, was sehr schade wäre, da er im Kartonagengewerbe tätig sei.[79] Ansonsten aber war das Echo sachkundig und sehr positiv. Wie Dieter Ertel meinte, wurde mit dieser Sendung der deutsche Sinn für Humor verfeinert, schließlich war man im deutschen Fernsehen bisher eher brachial, derb und simpel unterhalten worden, nicht jedoch mit dem fein gedrechselten Wortwitz, wie ihn Loriot fortan verbreiten würde.

Von der Massenproduktion heutiger Tage war man jedoch weit entfernt. Die zweite Sendung wurde erst fast vier Monate später ausgestrahlt, am 30. Mai 1967. Die Entscheidung, den bislang kaum vor der Kamera in Erscheinung getretenen Vicco von Bülow zum Moderator und Präsentator zu machen, erwies sich dabei immer mehr als Glücksgriff. »Loriot war penibel, war so akkurat, wie ein professioneller Komödiant sein muss, um Erfolg zu haben. Doch er genoss von Anfang an einen hohen Kredit an Einsicht, Verständnis und der Bereitschaft mitzudenken. Das Team arbeitete zunächst neugierig, dann amüsiert mit, so knifflig die Arbeit auch sein mochte, und aus Vergnügen wurde schließlich Begeisterung.«[80]

Noch war der Loriot'sche Anteil am Inhaltlichen überschaubar. In der ersten Sendung glänzte er mit einem Selbstporträt und dem gezeichneten Filmchen des Politikers Weber und seinem Referat über die deutsche Humorproduktion. Den Rest der Sendung füllten zugekaufte in- und ausländische Cartoons, die Vicco von Bülow lediglich anmoderierte. Aber das natürlich in seiner distinguiert-komischen Art, für die ihn bald die ganze Nation lieben würde. Doch selbst diese Moderationstexte waren anfangs von Autoren für ihn entworfen worden. Das allerdings ging mit einem Vicco von Bülow nicht. Er verwarf das Angebotene und schrieb sich die Texte selbst.

Sein späterer Partner Stefan Lukschy sah in den ersten Fernsehauftritten des Vicco von Bülow gar kulturhistorische Dimensionen und analysierte sie so: »Dieser Herr auf dem Sofa gibt sich zwar den Anschein, der Privatmann Vicco von Bülow zu sein, in Wahrheit begegnen wir hier aber der höchst raffinierten Kunstfigur Loriot, die uns durch Sprache und Gestus lehrt, wie man den größten Quatsch auf die wohlerzogenste Art formuliert. Es ist wohl nicht übertrieben, zu sagen, dass die Stimme des Mannes auf dem Sofa den Deutschen eine Sprachkultur zurückgegeben hat, die durch die Emigration großer Literaten wie Thomas Mann auf ewig verloren gegangen zu sein schien.«[81] Sicher auch eine Erklärung, warum Loriot als Deutschlands bester Humorist gilt.

Und noch etwas bemerkte Lukschy, ein Detail, das den unmerklichen, aber doch immensen Unterschied zu anderen Komikern ausmachte: Dass Loriot nämlich ganz besonderen Wert auf seine Stimme legte und sie beinahe unmerklich dem Duktus der darzustellenden Figur anpasste. Was anfangs noch eine Nuance war, bekam später immer mehr Einfluss. Loriot wurde nicht nur zum Wort-, sondern auch zum Stimmkünstler.

DER BUTLER KOMMT

Mitte 1969 schied Peter Kleinknecht, der zuverlässige, aber auch etwas biedere Regisseur von *Cartoon* aus. Dieter Ertel musste Ersatz beschaffen. Er erinnerte sich an einen wilden Briten, der eigentlich das genaue Gegenteil des akkuraten Kleinknecht darstellte, Timothy »Tim« Moores. Moores brachte fortan die für einen guten Humor so wichtige anarchistische und britische Note in die Arbeit ein. Er hatte ein wenig den Ruf als seltsamer Kauz, was ihn aber wohl zur Idealbesetzung machte. Denn Moores bildete in den nächsten Jahren einen kongenialen Gegenpol zum höchst preußischen Vicco von Bülow. Und er schuf den »Darsteller« Loriot, der später für so manch großes Vergnügen sorgen sollte. Britisch unbekümmert drängte er den Moderator, auch physisch in andere Rollen zu schlüpfen, mithilfe der Maskenabteilung sein Äußeres zu verwandeln und – Schüchternheit hin oder her – die Sketchrollen zum Teil selbst darzustellen.

In der Anfangszeit hatte *Cartoon* ja laut Dieter Ertels Vorstellungen einen journalistischen Anspruch gehabt, man wollte durchaus auch informieren, einen Querschnitt durch die besten nationalen und internationalen Produktionen zeigen. Aber das Material dünnte mit der Zeit merklich aus. So ermutigte Moores von Bülow, immer mehr eigene Sketche zu produzieren, in denen er auch mitspielte. Moores war geprägt von der Tradition des britischen Fernsehens, wo aus den Hörfunk-Sketchsendungen in der BBC während der 1940er-Jahre Shows entstanden, die auch bald ins Fernsehen kamen. So machte er den

Vorschlag, von einer unterhaltsamen Dokumentarsendung zu einer Sketchsendung überzugehen. Dafür wurde er anfangs von den Dokumentarfilm-Puristen in der Redaktion beargwöhnt. Zudem würde dies sehr viel teurer werden als die alte Form.

Wer war dieser Moores? Sein Weg zum Fernsehen war ebenso abenteuerlich wie die spätere Zeit. Er wurde 1942 geboren, laut Selbstauskunft entstammte er einer der wohlhabendsten Familien Großbritanniens – zumindest einem Nebenzweig davon, der aber wohl nicht ganz so reich war, denn nach Abschluss der Schule begann Moores zu arbeiten. Das tat er unter anderem als: Kavallerist Ihrer Majestät, Kleindarsteller, Kettenschleifer, Kammerdiener, Koch- und Kellnerlehrling und als Fernsehschaffender. Als solcher begegnete ihm am 3. Juli 1969 erstmals Vicco von Bülow.

Im Alter von 49 Jahren, man schrieb das Jahr 1991, änderte er noch einmal sein Leben und besuchte nach einem Intermezzo im Kohlebergbau eine Butler-Schule in London, schloss diese erfolgreich ab und arbeitete hernach als Butler, Chauffeur und Persönlicher Assistent. Er kam auf diese Weise in ganz Europa herum und landete schließlich wieder im Mutterland aller Butler – dem britischen Königreich. Wo er, ganz dem kontinentalen Klischee entsprechend, auf einem feudalen Landsitz in Essex arbeitete, am Ende gar als Chefbutler. Durch seine neue Lebensgefährtin und spätere Frau kam er 2001 nach Deutschland zurück, auch ins Fernsehen, und trat einige Male in der *Aktuellen Schaubude* im NDR auf, später noch in der ARD-Serie *Abenteuer 1927 – Sommerfrische*. Als »Butler Moores« schult er heute den Butler-Nachwuchs und gibt seine Erfahrung auch an Luxushotels weiter.

Aber zunächst stand eine mehrjährige Episode als Fernsehregisseur von *Cartoon* an. Mit Folge 14, die am 25. Dezember 1970 ausgestrahlt wurde, änderte sich einiges bei Loriots erster Fernsehsendung. Erstmals war Moores Regisseur und erstmals ließ man den sperrigen Untertitel weg. *Cartoon* war nunmehr so etabliert, dass man das wagen konnte.

Nun nahm die Sendung regelrecht Volldampf auf. Und erst recht Loriot. Der Mangel an gutem Material brachte ihn endgültig auf die Fährte, nicht mehr nur Gezeichnetes, sondern auch immer mehr Realsketche mit Schauspielern anzubieten. Er lernte schnell, dass sich manches am besten per Zeichentrick und anderes am besten real umsetzen ließ. Diese Erkenntnis war die Basis des späteren genialen Wechselspiels zwischen Trick- und Realfilmen in seinen Sendungen.

Die Anfänge wirkten noch recht handgestrickt. Loriot mimte ohne Maske einen Tagesschausprecher und SDR-Angestellte, die zufällig im Studio waren, spielten Kleinstrollen in den Sketchen. In dieser Zeit führte Moores noch allein die Regie. Dennoch war es in erster Linie natürlich Vicco von Bülows Sendung. Erst als man sukzessive dazu überging, auch professionelle Schauspieler zu engagieren, übernahm Vicco von Bülow auch die Regie. Laut Moores Erinnerungen war dies bei Heinz Meier als Astronaut in der *Cartoon*-Sendung Nummer 18 zum ersten Mal der Fall. Am 2. Januar 1972 wurde sie ausgestrahlt.

Die Schauspieler leitete von Bülow nun selbst an, während Moores sich nur noch um die Bildführung kümmerte.

Und noch etwas änderte sich: Nahm man bis dahin die Sketche mit drei Kameras und in einem Durchgang auf, so wurde dieses Verfahren für den Perfektionisten von Bülow langsam unattraktiv. Er drängte das Team dahin, wie im Film einen Sketch mit einer Kamera und jede Einstellung mehrmals zu drehen, so lange, bis man die optimale Sequenz eingespielt hatte. »Dies führte zwangsläufig dazu, dass er sich mehr und mehr für die Bildführung und den Schnitt interessierte«, erinnerte sich Moores. »Für Loriot bestand das Endergebnis aus der Summe jedes einzelnen gelungenen Details und sein ›preußischer Perfektionsfimmel‹, wie er es selbst nennt, zwang ihn dazu, jedes Detail akribisch zu kontrollieren.«[82]

Nach der 19. *Cartoon*-Sendung nahm sich auch Deutschland allzeit bedeutendstes Nachrichtenmagazin *Spiegel* dem Phänomen Loriot an. »In neunzehn Sendungen voll Slapstick-Blödeleien und grotesker Sketche, mit Zeichentrickfilmen von Loriot und Loriot-Kollegen hat Junker Vicco geschwätzige Politiker, Auto-Fetischisten, Weltraum-Fahrer und Fernseh-Sendungen veralbert. Trotz ziemlich später Stunde sahen ihm jedoch durchschnittlich acht Millionen zu. (...) Milde albert er gern. Zwar gönnt Vicco von Bülow sich so manche Häme über typische Eigenarten seiner Mitmenschen, doch so, daß sich kaum einer getroffen zu fühlen braucht. Gezielte Kritik überläßt er willig den Kollegen von der politischen Karikatur, sein Feld ist das witzige Entertainment.«[83]

In seiner Abrechnung mit dem deutschen Fernsehhumor vom 14. Februar 1972 endete Gunar Ortlepp, ebenfalls im *Spiegel*, mit dem flehentlichen Ruf nach dem Meister, dem einzig wahren, auch damals schon. »Und da sind außerdem all die deutschen Humoristen und Satiriker und Komiker und Ironiker und Sarkastiker, die das Fernsehvolk mit Jux und Blödelei laben. Denn Blödeln, so meldete unlängst auch der Evangelische Pressedienst, ›Blödeln ist das Wort der Stunde‹. Also blödeln sie lustig vor sich hin, durchaus nach der Definition der Brockhaus-Enzyklopädie, die den ›Blödsinn‹ als ›verminderte Verstandesleistung‹ ausweist. (...) Spaß beiseite. Humor, jedenfalls, gedeiht den deutschen Humoristen meist zum jämmerlichen Trauerspiel. Denn während sich das schönste Material für Satire und Nonsens in ungenutzten Halden aus der politischen Landschaft erhebt, brüten blöde im mittelhochdeutschen Sinn des Wortes unsere Komiker über Kalauern und Klamauk. So bleibt uns, zur Rettung des deutschen Witzes, nur eine letzte Hoffnung: Wir hoffen auf Loriot und dessen sanfte Hintertriebenheit.«[84]

Der kleine Mann

Erstmals begegnete Heinz Meier, damals 41 Jahre alt, Ende 1971 Vicco von Bülow. Es wurde gerade die 18. *Cartoon*-Folge gedreht und Loriot wollte endlich mit einem richtigen Schauspieler arbeiten. Die Wahl fiel auf Heinz Meier, der 1930 in Ostpreußen geboren worden war und nach der Vertreibung im südbadischen Müllheim landete, das er 1950 verließ, um im nahen Freiburg im Breisgau zu studieren. Dort blieb er und gründete 1953 das kleine Wallgraben-Theater, heute eines der ältesten Privattheater Deutschlands. »Mit Holzbänken im Zuschauerraum und Marmeladeneimern als Scheinwerfern«[85], wie Meier einmal erzählte. Und dort entwickelte er sich zu einem respektierten und gefragten Bühnenakteur. Er spielte in über 200 Theaterproduktionen mit, darunter in Stücken von Albert Camus, Samuel Beckett oder Jean-Paul Sartre.

Eines Tages war der Freiburger Heinz Meier nun beim SDR im nahen Stuttgart zu Besuch, für den er seinerzeit oft drehte und auch Hörspiele sprach. Es war wohl einer dieser Zufälle, die ein Leben verändern können. Jedenfalls wurde Meier vom Chef des Besetzungsbüros gefragt, ob er Lust habe, eine kleine Rolle in einem Loriot-Sketch zu übernehmen. Er müsse nur überzeugend »Ja« und »Nein« sagen können. Nichts Großes und zunächst auch nur als einmalige Aktion gedacht, aber Meier hatte gerade nichts Besseres zu tun, freute sich über ein paar Mark extra und dass er diesen Loriot, den er unbekannterweise sehr schätzte, endlich einmal kennenlernen würde. »So kam es zu meiner ersten Zusammenarbeit mit Loriot, eine Kollaboration, die zu der eigenartigsten, aber auch angenehmsten in meinem Berufsleben werden sollte.«[86]

Meier wunderte sich allerdings zuerst, kannte er doch von Loriot vor allem die Zeichnungen. Wieso braucht der denn jetzt einen Schauspieler?, fragte er sich. Vor allem konnte man als Außenstehender ohne Loriots Gefühl für Komik leicht denken, dass man nicht zwingend einen ausgebildeten Schauspieler bezahlen müsse, nur damit jemand an den richtigen Stellen »Ja« und »Nein« sagte. Aber das war nicht die Arbeitsweise des Vicco von Bülow. In dem Sketch stellt Loriot als Moderator Viktor Schmoller einem bedauernswerten Verwaltungsinspektor alias Heinz Meier unbeirrt Fragen, die er sich für einen soeben von einer Mission zurückgekehrten Astronauten ausgedacht hatte. Wie es zu der Konstellation kam, dass nun ein völlig anderer vor ihm sitzt, wird nicht aufgelöst. Die Komik steigert sich einzig dadurch ins Groteske, dass der Moderator unbeirrt weiterfragt, obwohl schnell klar ist, dass dort eben kein Astronaut sitzt.

Die Rolle war also einfach, aber die Aufnahmen forderten den Beteiligten dennoch einiges ab. Timothy Moores firmierte zwar offiziell als Regisseur, sagte aber gar nichts, was den Schauspieler Meier zunächst irritierte, denn die Anweisungen gab sein Sketchpartner Vicco von Bülow selbst. Er sagte also zu Meier: »Herr Meier, Sie sind hierhergekommen, um befragt zu werden. Sie antworten einfach, ohne Verwunderung, wie ein ganz normaler Mensch. Bitte nicht spielen!« Meier war nun noch verwirrter. »Das soll Loriot sein, dachte ich, der macht doch sonst so lustige Sachen? Dabei kam mir dieses Unterspielen, der Verzicht auf jede Effekthascherei, sehr entgegen. Auf der Bühne mache ich es genauso, aber hier konnte ich mir gar nicht vorstellen, dass es funktionieren könnte. Der Text war natürlich toll, aber die Inszenierung? Später habe ich dann den Sketch gesehen und die Wirkung war fantastisch.«[87]

Loriot begann ihn zu schätzen, als perfekte Besetzung für den einfachen kleinen Mann. Selbst wenn er einfach nur dasaß und verständnislos vor sich hin blickte – Loriot war beglückt. Bis es auch für Meier eine durchweg gute Zusammenarbeit wurde, verging eine Zeit. Anfangs war er doch sehr verwundert, wie exakt, pingelig, ja beinahe langweilig gearbeitet wurde. Doch wenn er dann die Filmchen sah, wusste er: Es funktioniert.

Fortan gehörte Heinz Meier zur ersten Wahl der Loriot'schen Darsteller. Viel später wurde er zum legendären Lottogewinner Lindemann, der mit der Papstaudienz, der Reise nach Island und der Herrenboutique in Wuppertal – eine Rolle, die ihn sein Leben lang verfolgen sollte. »Ich finde es bedauerlich, dass alles andere so in Vergessenheit geraten ist. (...) Plötzlich ist man nur noch ›Tach, Herr Lottemann, was macht die Herrenboutique? Hihi.‹«[88] Dabei wusste er zugleich genau, welch großes Glück diese Rolle für ihn war. Denn Vicco von Bülow spielte schließlich viele Rollen selbst, warum also nicht auch den Lottogewinner? »Er versteht es ja selbst nicht«, erzählte Meier später in einem Interview mit dem Spiegel. »Er hat mir mal gesagt: ›Zwei große Fehler hab ich gemacht: Ich hab mein Haus nicht unterkellert, und ich habe Sie den Lindemann spielen lassen.‹«[89] Nicht, dass er es ihm missgönnt hätte, das war nun wirklich nicht die Art des Vicco von Bülow. Vielmehr lobte er Heinz Meier als großartigen Schauspieler. Und gerade die Hilflosigkeit des Lottogewinners – das konnte, so Loriot selbst, niemand so gut spielen wie Meier. Und dass Lindemann ein ostpreußisches Idiom durchklingen lässt, war auch Meiers Einfall.

Auch bei *Cartoon* trat noch er einige Male in Erscheinung, so als Diskussionspartner »Oldenberg«, dessen Name immer wieder falsch ausgesprochen wird (Oldenburg, Oldenhoff, Offenberg, Oldendorf usw.), sodass er ihn am Ende selbst nicht mehr weiß. Immer mehr war er angetan von der Arbeitsweise Vicco von Bülows. Der hatte einfach ein untrügliches Gespür für die Stimmigkeit einer Situation – und natürlich forderte sein Perfektionismus auch vom Schauspieler höchste Genauigkeit und absolute Konzentration.

Wum

Weit nachhaltiger aber als alle Sketche der *Cartoon*-Ära bleibt ein Hund in Erinnerung: Wum. Seine rauen Kommentare, seinen Knoten im Ohr mit der Erinnerung an eine Fernsehlotterie, sein »Stichtag für den Großen Preis: Samstag in acht Tagen«, das alles hat eine ganze Generation tief verinnerlicht. Seit dem 10. September 1970 präsentierte der Showmaster Wim Thoelke im ZDF die Rateshow *3 mal 9*, die gleichzeitig der Rahmen für die Wohltätigkeitslotterie »Aktion Sorgenkind« wurde, die sonst nach dem Ende der Vorgängershow *Vergißmeinnicht* hätte eingestellt werden sollen – was viele Einrichtungen für Behinderte schmerzlich getroffen hätte.

Nachdem die ersten Folgen schon erfolgreich gelaufen waren, suchte Thoelke nach einem Sidekick, wie ihn der Kollege Hans-Joachim Kulenkampff hatte. Bei ihm war es Butler Martin Jente, der ihm in den Mantel half, bevor er einige respektlose Sätze zum Gaudium des Publikums über »Kuli« abließ. So einen »Schlussgag« wollte auch Thoelke. Aber ihm wollte nichts Rechtes einfallen. Der Butler war schon anderswo zugange, Parodien von Prominenten waren damals noch nicht sonderlich modern. Was Thoelke zu dieser Zeit noch gar nicht wusste: Der bekannte Zeichner Loriot war schon einige Zeit zuvor vom ZDF beauftragt worden, einige Cartoon-Spots für *3 mal 9* zu zeichnen, die in den Tagen vor der Ausstrahlung die Sendung bewerben sollten. Ein Männchen mit Knollennase, natürlich, aber vor allem sein Hund spielten darin die Hauptrollen. Für Loriot war das ein kleiner Werbeauftrag, nichts weiter.

Thoelke hatte die Spots noch nie gesehen, selbst als *3 mal 9* schon angelaufen war. Schließlich war er in den Tagen vor der Livesendung eifrig mit den Proben befasst. Aber er registrierte wohl, dass um ihn herum oft über die sehr unterhaltsamen Filmchen gesprochen wurde. Da handelte er. »›Schaltet mir doch bitte so einen Spot mal auf einen Monitor in die Halle‹, bat ich. Da sah ich zum ersten Mal diesen noch namenlosen Hund, der sein Herrchen animierte, am Donnerstag etwas für seine geistige Beweglichkeit zu tun und *3 mal 9* anzuschauen. Er gefiel mir ausgezeichnet«[90], berichtete Wim Thoelke später in seiner Biografie. Und »Big Wim« hatte eine Idee. Wie wäre es, ein paar Sketche zu machen, wo er, der Showmaster, mit diesem Hund spreche. Und zwar wollte er dafür das nagelneue Blue-Box-Verfahren nutzen, das es möglich macht, dass ein Schauspieler mit einer Zeichentrickfigur agiert, indem der Realdarsteller vor einer blauen Leinwand spielt, auf die später der Trickfilm eingespielt wird. Thoelkes Bedingung an Loriot: Er als Moderator müsse der Dumme sein, nur so würde es funktionieren. Der Fernsehhund sollte also präpotent, naseweis und vorlaut sein. Gleichzeitig aber natürlich sympathisch und liebenswert.

Man wollte es zunächst mal versuchen, aber schon der erste Anlauf wurde ein durchschlagender Erfolg. Das Publikum war begeistert von dem Hund auf dem roten Sitzkissen, der noch keinen Namen hatte. Wim Thoelke forderte deshalb seine Zuschauer auf, per Postkarte Vorschläge zu schicken. Es kamen über 3000 Einsendungen. Zwei Favoriten schälten sich heraus: Kuli, in Anlehnung an Kulenkampff, und eben Wum, als Pendant zu Wim. Aus Respekt vor dem ehrenwerten Kollegen war die Entscheidung damit eindeutig gefallen. Zugunsten von »Wum«.

Und Wum wurde ein Fernsehstar. Das war so nicht geplant, ursprünglich sollte er ja nur diese Werbespots bereichern. Deshalb hatte Vicco von Bülow auch gar nicht daran gedacht, sich den Hund als Marke schützen zu lassen. Aber Wum war schon bald überall zu finden: Auf T-Shirts und Tassen, auf Bettbezügen, in Büchern und als Puppe. Eine enorme Einnahme, das zeichnete sich bald ab, die von Bülow aber entgangen wäre, hätte nicht Wim Thoelke darauf gedrängt, nachträglich eine faire Regelung zu finden und zu fixieren. So gingen sämtliche Rechte, ausgenommen die Fernsehrechte, an den Erfinder zurück. Und das sollte sich lohnen.

Der Höhepunkt des Wahnsinns: Am 22. Dezember 1972 kletterte der Song »Ich wünsch mir 'ne kleine Miezekatze« bis auf

Platz eins der deutschen Charts und blieb für neun Wochen dort, bis Ende Februar 1973. Insgesamt nistete das nette Liedchen zum Banjogeklimper enorme 17 Wochen lang in den Top Ten. Der Interpret: Wum oder »Wums Gesang«, wie es auf der Platte hieß. Text und Gesang: Loriot. Nun hatte er auch noch einen Nummer-eins-Hit. Allerdings eher »aus Versehen«, denn eigentlich war das kleine Stück, das von Bülow gemeinsam mit Thoelkes musikalischem Leiter Jean Thomé aufgenommen hatte, nur für einen der Sketche gedacht gewesen. Das reichte ihm nicht und er schlug dem ZDF vor, doch eine Schallplatte aufzunehmen. Die Intendanz war skeptisch, als sie hörte, dass Loriot der – hinter Wum verborgene – Interpret sein sollte. Erst recht, als er erklärte, dass er bereits bei einer Musikpädagogin Unterricht nähme, befürchtete man eine Blamage für das ZDF und lehnte ab. Also machte es Loriot allein und kassierte auch allein – binnen sechs Wochen verkauften sich 400 000 Singles, wobei Loriot pro Stück 60 Pfennig abbekam.

Sogar eine ganze LP nahm Wum alias Loriot auf. Wim Thoelke sprach sich selbst und Vicco von Bülow den Wum – was mit der Zeit ganz schön auf die Stimmbänder ging, denn Wum klang nun mal herzlich rau. Die Aufnahmen fanden in einem Tonstudio in München statt. Um zwei Uhr, mitten in der Nacht, was damals durchaus üblich war, denn der Tageslärm ließ sich trotz guter Isolierung nie vollständig aus dem Studio heraushalten. Thoelke erinnerte sich: »Die Aufnahme erfolgte in Stereo, und Loriot und ich saßen uns an einem Tisch mit zwei Mikrofonen gegenüber. Ich sah einen vornehmen Mann von altem preußischen Adel, angezogen wie ein Rittergutsbesitzer mit zartgliedrigen Händen und edler Miene vor mir. Alles paßte ästhetisch wunderbar zusammen. Um so schöner war für mich der Kontrast, wenn dieser Mann sein Gesicht verzog, wie ein Hund jaulte und den tiefschürfenden Blödsinn von sich gab, für den Wum berühmt war. Ich habe das im Stillen sehr genossen.«[91] Auch der *Spiegel* schwadronierte begeistert und in ungewohnt überzuckertem Stil: »Wum das Reklametier – der Zeichner bellt selbst dazu. (...) Zuschauerpost: ›Einfach entzückend.‹«[92]

Bei der Animation der Wum-Filme, wie auch bei vielen anderen Trickfilmen, die später in den verschiedenen Sendungen zu sehen sein würden, übernahm Günther Schilling die Animationsarbeit. Hergestellt wurden die Filmchen im »Studio Loriot« in Percha am Starnberger See, nicht weit entfernt von Vicco von Bülows Haus in Ammerland. Auch sprach Loriot den Wum anfangs noch selbst, ebenso wie später den Elefanten Wendelin, der als Wums Sidekick dazukam. Erst in den 1980er-Jahren übernahm der Kabarettist und Stimmenimitator Jörg Knör die Synchronisation, was von den Zuschauern aber kaum jemand bemerkte. Auch hatte Vicco von Bülow noch einige weitere Figuren erfunden, wie den Hund Hugo oder die Sekretärin Fräulein Bertha. Auch der »Blaue Klaus« war so eine Zusatzfigur, ein blaues Männlein, das in seiner Untertasse aus dem Weltall einschwebte und naseweise Kommentare abgab. Eigentlich sollte Klaus ein kleines grünes Männchen werden, die Farbe, die man sprichwörtlich mit Wesen aus dem Weltall in Verbindung bringt, doch da intervenierte der französische Zeichner Pat Mallet, der mit seiner Cartoon-Serie *Die kleinen grünen Männchen* schon seit einigen Jahren in Zeitschriften und Büchern erfolgreich war.

Mit der eigentlichen Produktion hatte Vicco von Bülow dann immer weniger zu tun. Die übernahmen Günther Schilling und sein Team. Nachdem der Text geschrieben war, hatte er die Aufgabe, den Trickfilm zu erstellen und die Mundbewegungen minutiös anzugleichen. Damals noch ohne Computertechnik, also mussten für jede Filmsekunde 25 Einzelbilder gezeichnet werden. Das macht bei einem Drei-Minuten-Sketch an die 4500 Bilder. Ein recht teurer Programmbestandteil des *Großen Preis*. Gut 100 Mal in knapp zwei Jahrzehnten begegneten sich Wim Thoelke und Loriots Cartoon-Figuren auf diese aufwendige Weise.

Wum wurde zum nationalen Superstar. Das Magazin *Stern* erschien am 31. Dezember 1972 mit Loriots Hund auf dem Titel. Der grinste auf einem roten Kissen sitzend mit dem obligaten Knoten im Ohr den Leser frech an. Darunter stand: »WUM – Die Karriere des Jahres«, und als Unterzeile: »Wie das Maskottchen der Aktion Sorgenkind zum Liebling der Nation wurde und was sein Erfinder damit erlebte.« Im Artikel zum Titel fasste Autor Klaus Schwidrowski den Irrsinn um den Köter prägnant zusammen: »Wum verbellte den Olympia-Dackel Waldi so gründlich, daß heute keiner mehr von ihm spricht; verjagte Snoopy, den Gefährten von Peanuts, vom Platz eins der Massen-Gunst; schwang sich in dem Quiz *3 mal 9* zum Herrchen von Wim Thoelke auf.« Die Popularität machte sich bezahlt. Bald wurde Wum aus Plüsch und Plastik in

Millionenauflage produziert. Dutzende Firmen bewarben sich um Lizenzen, um mit dem Tierchen Geschäfte machen zu können. Noch fast zwei Jahrzehnte und Millionen Merchandising-Produkte lang beglückte dieser präpotente Hund das deutsche Fernsehpublikum.

Nach dem Ende des *Großen Preis* 1994 aber sah man Wum und Wendelin nur noch selten im TV, ab 2003 noch als Comic in der Fernsehprogrammzeitschrift *Gong*, aber eben nicht mehr im Fernsehen. Wim Thoelke ärgerte sich darüber zu Lebzeiten sehr: »Leider lässt das ZDF Wum, Wendelin und ihre Freunde verkommen, weil niemand von den Verantwortlichen eine Ahnung von Markenpflege hat und man sich erschreckenderweise gar nicht bewußt ist, daß man auf diese Weise Werte des ZDF vernichtet.«[93]

In der Sendung selbst war Vicco von Bülow mehrmals zu Gast und erlebte eine überraschende Begegnung. Ein Requisiteur dort war nämlich von Bülows Kamerad im Krieg gewesen. Als sie bemerkten, dass sie sich schon lange kannten, redeten sie einen ganzen Abend lang über ihre schwere Zeit im Kaukasus. Laut Thoelkes Erinnerung habe jener Requisiteur hernach über den ehemaligen Hauptmann Vicco von Bülow gesagt, er sei ein sehr guter Mann und als Kompaniechef ein tapferer Soldat gewesen.

Trotz all ihrer Begegnungen wurden Thoelke und Loriot keine Freunde. »Dazu ist er viel zu kühl und zu distanziert«, erinnerte sich Thoelke, »und außerdem wochen- und monatelang so tief in eine Arbeit versunken, daß ihn in dieser Zeit niemand stören darf. Es ist ihm aber lieb, wenn ihn auch sonst möglichst niemand stört. Er hat das Prinzip, eins nach dem anderen zu machen, und ist viel zu sehr Perfektionist, um auf verschiedenen Hochzeiten gleichzeitig zu tanzen. (...) Ich bewundere sein Können und seine Vielseitigkeit und hätte in meinem Leben wahrscheinlich von seiner Methode profitieren sollen, nicht so viele Sachen auf einmal zu machen.«[94] Wim Thoelke starb am 26. November 1995 an einem Herzleiden, das ihn seit langer Zeit geplagt hatte. Im Alter von nur 68 Jahren.

6. Fernsehshows

Telecabinet

Unter dem Titel *Loriots Telecabinet* lief schon am 26. März 1972 eine *Cartoon*-Sonderausgabe im SDR. Sie war eigens für den Wettbewerb der »Goldenen Rose von Montreux« produziert worden. Darin verwendete Vicco von Bülow einige schon gesendete Sketche wie den »Astronaut« mit Heinz Meier oder den »Blinden Autofahrer«. Nach Ende der *Cartoon*-Reihe mit der 21. Ausgabe am 25. Dezember 1972 gab es fast zwei Jahre später noch eine weitere Sonderausgabe unter dem Titel *Loriots Telecabinet*. Sie wurde am 13. November 1974 gesendet. In ihr nahm er das frisch erblühende Genre der Talkshow aufs Korn. Er interviewte als sein fahriger Alter Ego Viktor Schmoller die britische Queen, den Rennfahrer Bob Riedelberger, eine Operndiva namens Gloria Miranda, den Benimm-Experten Dr. Dattelmann und einen tauben Musiker. Die *Frankfurter Allgemeine Zeitung*, sonst nicht als Freundin der leichteren Unterhaltung bekannt, lobte überschwänglich, die Sendung sei, »seit langem der stärkste und so ziemlich auch der einzige Beweis, daß das deutsche Fernsehen doch etwas mit Komik zu tun haben kann.«[95]

Ursprünglich war wohl geplant, dass aus dem *Telecabinet* eine Reihe werden könnte. Es blieb aber ein Versuch. Immerhin einer, der die intellektuelle Presse begeisterte. Die *Zeit* hatte Loriot bei der Arbeit beobachtet. »Sobald die Tränen getrocknet sind, man tief atmet, merkt man, was die unterhaltsamen bitteren Späße offenbaren sollen: die zu Sprache gewordenen Schludrigkeiten des Denkens, ›diese vielen Deutsche, das Amts- Polizei-, Katalog-Deutsch‹, die Plattitüden, ›die abgegriffenen, hohl gewordenen Vokabeln und Bilder‹. (...) Loriot will ›nicht auf das Publikum gucken, aber doch für das Publikum arbeiten‹. Er sagt: ›Man muß riskieren, daß es nicht allen gefällt‹ – eine Devise, die in Richtung Fernsehen gesprochen ist und seinem von Indexzahlungen aufgeweichten Terrain der Unterhaltung.«[96] Deutlich wird an dieser Sendung auch die von Loriot immer weiter perfektionierte Art seines Humors. Schon immer vertrat er den Standpunkt, es sei besser, den Zuschauer sanft anzulocken, als brachial mit der Wahrheit zu konfrontieren. So könnten sich die Betrachter Stück für Stück selbst komisch sehen und sich mit dieser etwas schwereren Form von Humor anfreunden.

Nicht zuletzt die Begeisterung des *Zeit*-Autors (ein weiteres Zitat: »Er hat es immerhin geschafft, die Deutschen ein etwas intelligenteres Lachen zu lehren«) beweist, dass Loriot schon 1974, als der Text entstand, stilprägend für den deutschen Humor war. »Der Mann vor mir, von Natur und Erfahrung so eingerichtet, daß er in jeder Beziehung eine gute Figur macht, die Augen von Fältchen umgeben, die der Schalk placiert hat, und sein Mund drückt noch in ernster Positur eine gewisse ironische Vergnügtheit aus. Loriot also umschreibt Humor so. Voraussetzung sei Abstand, sei ›die Fähigkeit zu beobachten und zu objektivieren‹. So erklärt sich auch seine Arbeitsweise. (...) ›Jede Art von Pointe ist das Ergebnis einer Assoziationskette, einer Gedankenvorarbeit, man tastet das ganze Gebiet erst ab‹ und ›feilt dann an der Pointe ziemlich lange herum, bis das herauskommt, was man für möglich hält.‹«[97]

Im Jahr 1975 erschien Loriot dann auch in der DDR. Der Eulenspiegel Verlag veröffentlichte das Buch *Loriots praktische Winke*. Ein weiteres Werk, *Das dicke Loriot-Buch*, erschien zwei Jahre später. Jetzt war Vicco von Bülow in ganz Deutschland angekommen, und er konnte auch dort gelesen werden, wo er geboren wurde. Seine Fernsehsendungen waren im Osten des geteilten Landes längst so populär wie im Westen, obwohl sie natürlich nur heimlich gesehen werden konnten. Im Westen war 1973 ein weiterer sehr erfolgreicher Sammelband erschienen, mit neuen Cartoons aus dem *Stern*, für den Vicco von Bülow seit 1971 wieder arbeitete. Titel des noch heute erhältlichen Buches: *Loriots Heile Welt*.

Auch wenn er sich mit regelmäßigen Fernsehsendungen rar machte, war er doch immer präsent. Da war natürlich Wum, der allmonatlich Wim Thoelke vor sich hertrieb, da war aber auch 1975 ein Cover des größten und wichtigsten deutschen Nachrichtenmagazins, des *Spiegel*, das er gestaltete. 1974 bekam er das Große Bundesverdienstkreuz verliehen und im gleichen Jahr den Karl-Valentin-Orden. Und er enterte wieder einmal einen neuen Bereich, die Musik. 1975 verfasste er Zwischentexte zum *Karneval der Tiere* von Camille Saint-Saëns.

Vier Jahre dauerte die Bildschirmabstinenz des Vicco von Bülow. Sieht man von der zweiten *Telecabinet*-Sendung und vor allem der erfolgreichen Produktion der Wum-Filme ab. Erst 1976 begann sein endgültiger Aufstieg zur Nummer eins des deutschen Humors, mit der heute legendären Sendereihe, die den schlichten Titel *Loriot* trägt, jeweils versehen mit einer römischen Ziffer, nämlich I bis VI. Nur sechs Sendungen also, das wäre heutzutage keine halbe Staffel, und das Ganze auch noch verteilt über fast drei Jahre. Das Tempo in den 1970er-Jahren war noch ein anderes.

Dieter Ertel war schon 1974 als Fernsehdirektor zu Radio Bremen gewechselt, aber der innige Kontakt zu Vicco von Bülow, seinem kulturellen Ziehsohn, riss nie ab. Letztlich überredete er ihn, seine zweite bedeutende Fernseharbeit für Radio Bremen zu produzieren. Man wurde sich schnell einig. 1975 begegnete Vicco von Bülow dann erstmals Jürgen Breest, dem Leiter der Redaktion »Fernsehspiel und Unterhaltung« bei Radio Bremen, unter dessen redaktioneller Leitung all die heute legendären Sketche und Sendungen entstehen sollten. Breest hatte spezielle Erwartungen vor der ersten Begegnung mit dem Meister. »Ich erwartete einen verwöhnten, vermutlich eitlen, zudem noch adligen, kamerasüchtigen Entertainer. Nicht ahnend, dass er soviel Selbstdistanz besaß, sich (...) über sich selbst und seinen Status als Prominenter lustig zu machen, betrat ich mit eher bangen Gefühlen das Büro von Dieter Ertel – und traf auf einen höflichen, freundlichen und bescheidenen Herrn, dem sein Ruhm nicht im Geringsten anzumerken war. Understatement und Zurückhaltung trotz größter Kompetenz seinerseits sorgten sofort für eine gewisse Distanz; eine Atmosphäre, in der kreatives Arbeiten nicht nur ermöglicht, sondern sogar gefördert wurde, denn zu große Nähe kann sich in künstlerischen Beziehungen als sehr hinderlich erweisen.«[98]

Vicco von Bülow war von dem Arbeitsumfeld in Bremen begeistert. Das in der Nähe des Studios angesiedelte Bistro Grashoff tat nach eigener Aussage wohl auch sein Übriges, dass Vicco von Bülow dem Sender treu blieb. Als weibliche Hauptrolle wollte er eine typische deutsche Durchschnittsfrau – gerne eher vollschlank. Die Bewerberin, die ihm dann letztendlich gegenübertrat, war aber genau das Gegenteil: brünett, zerzaust und noch dazu sehr schlank. Und auch nicht besonders begeistert davon, für die Dreharbeiten deutlich an Gewicht zuzulegen.[99] Das Bistro Grashoff existiert noch heute, allerdings nicht mehr in der Sögestraße, wo in den 1970er-Jahren nicht nur Loriots Crew, sondern auch Rudi Carrell und Klaus Bresser und andere Fernsehstars Stammgäste waren. Und die Brünette sollte bald ebenso bekannt und berüchtigt sein wie Loriot selbst: Evelyn Hamann.

Evelyn

Es war Jürgen Breest zu verdanken, der sich an diese Evelyn Hamann erinnerte. Und es war der reine Zufall, dass sie just in dieser Zeit am Bremer Theater arbeitete.

Evelyn Hamann war am 6. August 1942 in Hamburg geboren worden, mitten hinein in eine Künstlerfamilie. Ihr Vater

Bernhard war Konzertmeister des Sinfonieorchesters des NDR und obendrein Gründer des seinerzeit berühmten Streichquartetts Hamann-Quartett. Ihre Mutter war Sängerin, ihr Großvater Konzertmeister in Berlin, ihr Bruder später Professor für Cello in Trossingen. Evelyn aber zog es zum Schauspiel. Lediglich zur Finanzierung ihrer Schauspielausbildung wandte auch sie sich der Musik zu und trat mit einer Jazzband in Kneipen auf. Ersten Rollen, noch während der Studienzeit, am Thalia-Theater in Hamburg folgte 1968 ein erstes festes Engagement in Göttingen, am Jungen Theater. Damals machte man dort noch alles selbst, Bühnenaufbau, Maske, Requisiten und so weiter. Eine wertvolle und lehrreiche Zeit. Drei Jahre später ging sie nach Heidelberg, um schließlich 1973 zum Theater der Freien Hansestadt Bremen zu wechseln. Eine schicksalhafte Entscheidung. Dort blieb sie bis 1979, spielte Ionesco, Goethe oder Dario Fo. Die wichtigste Rolle aber sollte eine andere werden.

Sie wurde zur Sketchpartnerin für Vicco von Bülows neue Sendereihe bei Radio Bremen. Und das, obwohl sie bis dato noch keine einzige komische Rolle gespielt hatte. »Hamann verkörperte für Loriot überwiegend solche brav-biederen Hausfrauen und Gattinnen, die der Aufbruchsgeist der 1960er- und 1970er-Jahre irgendwie gestreift hatte und die versuchten, sich über symbolische Ersatzhandlungen als progressiv zu geben, ohne dabei freilich die Fundamente der kleinbürgerlichen Traditionsbestände zu attackieren. So wurde sie zur weiblichen Hauptperson in Loriots feingezeichneten Sittengemälden bundesdeutscher Spießigkeit«, hieß es bei *Spiegel Online* über die Mimin.[100] Und die *Zeit* porträtierte die Schauspielerin so: »Wie sie unter einer Blondhaarperücke zum spießigen Dummchen wurde, das mit halbgeöffnetem Mund und ungläubigem Blick die Wanderung einer Nudel im Gesicht ihres Partners verfolgt, während dieser ihr beim Essen im feinen Restaurant eine Liebeserklärung macht, das ließ den Herrn am Tisch allemal noch dümmer erscheinen, als es der Ausdruck in ihrem Gesicht je hätte sein können. Stets spielte sie jenes Entsetzen mit, das einen ordentlichen Menschen befällt, wenn er auf das Chaos trifft (...). Die preußische Komik des Vicco von Bülow brauchte eine so sachliche, integre Interpretin wie Evelyn Hamann. Höchste Perfektion ist es, die sie so glaubwürdig, so unfehlbar komisch macht.«[101]

Sicher wurden sie zum komischsten und populärsten Paar in der Geschichte des deutschen Fernsehens.

LORIOT I – *LORIOTS SAUBERER BILDSCHIRM*

Das Sofa war inzwischen rot geworden, aber sonst unterschied sich die Szenerie auf den ersten Blick kaum von den späten *Cartoon*-Folgen, die aber auch schon fast vier Jahre zurücklagen. Die erste Sendung begann am 8. März 1976 gleich mit einem Zeichentrickfilm, in dem sich zwei Knollennasen zum Thema Plastologie unterhalten. Die Szene spielt offensichtlich vor der anstehenden Aufzeichnung. »Ist unser Interview schon dran?«, knarzt der Moderator fragend, ein semmelblondes Knollennasenmännchen. Es war der erste Satz, den der deutsche Fernsehzuschauer an diesem Abend nach Jahren der Loriot-Abstinenz zu hören bekam.

Sogleich entspann sich zwischen Frager und Befragtem, ein kahlköpfiger und dicklicher Mann mit Fistelstimme (auch gesprochen von Vicco von Bülow), ein Dialog des Missverstehens. Und so war der Zuseher auch ohne Intro, Erklärung oder Hinleitung sofort im Thema. Aber erst sehr viel später würde er erfahren, dass es sich um Hartmut Gilling und Professor Wilhelm Heubel, den Inhaber des Lehrstuhls für Pneumatische Plastologie an der Universität Tübingen, handelt. Bis zu Minute 35 der Sendung sollte das im Dunkeln bleiben, es wurde lediglich immer wieder ein Fetzen gezeigt, in dem beide vor Beginn der Sendung wartend herumplaudern. Auch das wurde ein Prinzip Loriots: einen Sketch aufzuteilen und über bis zu vier Teile zu strecken.

Nach dem ersten Stückchen folgte der eigentliche Beginn der Sendung. Der Titel *Loriots sauberer Bildschirm* war in großen Lettern in den Anfang eines Sketches eingebettet, in dem Loriot sein schauspielerisches Talent unter Beweis stellte, als er minutenlang versuchte, am Flughafen eine matschige halbe Banane samt Schale loszuwerden. Alles ohne Worte, unterlegt mit dezenter Fahrstuhlmusik, in die sich die Geräuschkulisse des Flughafens mischte. Auch die zweite Folge sollte noch einen »richtigen« Titel haben, bevor es dann mit »III« bis »VI« titelmäßig recht schmucklos und pragmatisch weiterging. Die

Bananenschale wurde schließlich in einen Umschlag gepackt und bei der Post abgegeben.

Dann erstmals der Schnitt zum Moderator, in der – vom Zuschauer aus – linken Ecke des Sofas.

Vicco von Bülow saß im Sofa wie eingegossen und wie von Künstlern hindrapiert. Wer weiß schon, dass er pingelig (oder exakt, je nach Wertung) genug war, das Sakko von sechs oder mehr Fäden zurechtzurren zu lassen, damit es nur keine Falten werfe. Der Tweed-Dreiteiler entsprach der Mode des Jahres 1976, der Krawattenknoten schien etwas schief zu sitzen.

Ein Cartoon und ein gespielter Sketch. Dann eine Sofa-Moderation. Der Zuschauer wurde also gleich mal adäquat vorbereitet auf das, was ihn erwartete. In den nächsten Minuten und den nächsten zweieinhalb Jahren. Es war stets eine Mischung dieser Stilformen, fast ausschließlich und allein erdacht von Loriot. Und dazu kam schließlich die dritte Form, die Vicco von Bülow so sehr liebte: die Parodie. Sein Peter Merseburger, Moderator des Politmagazins *Report*, aus *Cartoon*, war so treffend, dass ihn manche Zuschauer für den echten hielten. Erster Kandidat jetzt war Wissenschaftsjournalist Hoimar von Ditfurth, dessen Sendung *Querschnitt durch die Wissenschaft* seinerzeit sehr populär war. Loriot alias von Ditfurth begann vor dem Hintergrundbild eines Sternenhimmels, ging dann hinüber zu einem Paar im Fernsehsessel, das laut seiner Anmoderation, »daran gewöhnt ist, sich spätestens ab 18 Uhr auf ihr Fernsehgerät zu konzentrieren. Jetzt vermissen sie ihren Bildschirm. Sie wirken verstört ...« In der Folge wurde dem apathischen Paar ein Fernseher vorgesetzt und plötzlich reagierte es auf Reize. All das wurde natürlich fachkundig im Stile einer Tierbeobachtung kommentiert. Der Mensch und das Fernsehen – ein Lieblingsthema von Loriot. In Hoimar von Ditfurths Wissenschaftssendung präsentierte dieser alias Loriot dann noch die Dokumentationen über preisgünstige, weil nach Heimwerker-Leitfäden selbst durchgeführte Operationen in der heimischen Küche und über Menschen, die mit einem Schweif leben.

Es folgten ein weiterer Teil des Trickfilms zur Plastologie und eine *Tagesschau*, darin ein Interview zwischen Friedrich Nowottny und Bundeskanzler Helmut Schmidt, in dem dem Kanzler hamburgische Ausdrücke sinnfrei aneinandergereiht in den Mund gelegt wurden. Dann der Originalton, dieser allerdings »unterlegt« mit einer Trickfilmzeichnung. Hier spielte von Bülow also innerhalb eines Sketches mit beiden Stilformen.

Der erste Auftritt von Evelyn Hamann fand noch ohne Vicco von Bülow statt. Ihr Partner war Edgar Hoppe im Sketch »Gran Paradiso«, in dem eine Familie verzweifelt den Strand sucht, aber eindeutig in einer deutschen Großstadt und der betonierten Traurigkeit einer Hochhaussiedlung umherirrt. Das unterlegte Gefloskel aus Reiseprospekten konterkarierte die gezeigten Bilder. Oder umgekehrt.

Zum Sketch »Film« begrüßte Rolf Schröter (alias Loriot) seine Gäste. Es sind der »Filmkritiker der *Offenbacher Rundschau*, Herr Heiner Kriegel, und der Leiter der Hochschule für Film und Fernsehen in Bebra, Herr Professor Wolf Lämmer«. Neben der Albernheit, all die feuilletonistischen Verschwurbelungen und Versatzstücke zu einem Filmschnipsel zu äußern, in dem ein Mann aus einer Mülltonne fällt, wird hier auch eines deutlich, worauf Loriot höchsten Wert legte: die Auswahl der Namen. Seine Menschen heißen Meisenbach, Schröter, Kriegel oder Lämmer, später Müller-Lüdenscheid und Dr. Klöbner oder Moosbach, Striebel und Vogel, Ted Braun oder Vic Dornberger. Sie haben etwas Solides, Bürgerliches und geben wohl auch damit dem Gezeigten eine erstaunliche Glaubwürdigkeit. Denn eigentlich sind diese Namen ja nicht lustig. Trotzdem werden sie es im Sketch. Irgendwie. Und darin lag die Kunst Loriots. Denn die »richtigen« Namen zu finden, mit denen dies gelingen konnte, war eine zeitraubende Arbeit für sich. Er beschrieb dies als einen sehr schwierigen Teil der Arbeit, da unterhaltende erfundene Namen im Prinzip das Salz in der Suppe seien. Aber sie seien oft eben sehr viel schwieriger zu finden beziehungsweise zu erfinden als die Sketche selbst.[102]

Kurz vor Ende der Sendung wurde dann im letzten Teil endlich der Trickfilm zu seiner Pointe geführt. Nachdem die beiden Herren vorher nur aneinander vorbeiredeten, folgte nun endlich das Interview. Die Folge endete nach 45 Minuten mit einem der berühmtesten Loriot-Sketche überhaupt: der Lottogewinner mit Heinz Meier als Lindemann und Claus Dieter Clausnitzer als Regisseur.

LORIOT II – *LORIOTS TELESKIZZEN*

Auch die lang ersehnte zweite Folge begann mit einem Trickfilm, in dem die Comedian Harmonists zum Singen anhoben, bevor einer der Sänger mit quäkiger Loriot-Stimme »Halt, halt, halt« rief und ein harter Schnitt folgte. Und zwar auf den altbekannten Viktor Schmoller, der eine Dame in der Fußgängerzone ein Mikrofon entgegenreckte und sagte: »Entschuldigen Sie, ich bin vom Deutschen Fernsehen ...« Die Dame antwortete gehetzt und ohne wirklich stehen zu bleiben: »Ach, das tut mir leid, ich hab gar kein Kleingeld bei mir.« Schmoller stand da wie ein begossener Pudel und unter ihm kam gelb geschwungen der Name der Sendung ins Bild: *Loriots Teleskizzen*. Wie so oft in seinen Sketchen war es weniger die überraschende Pointe als vielmehr der fassungs- und hilflose Blick, der etwas für Feinschmecker des Humors bleiben wird.

Ebenfalls in der zweiten Folge lachte der deutsche Fernsehzuschauer über die Szene »Im Restaurant« (oder auch: »Schmeckt's?«). Ein besonderes Beispiel für die Choreografie in Loriots Sketchen. Ein Mann saß im Restaurant und wollte die bestellte »Kalbshaxe Florida« (mit Ananas!) genießen, wurde aber von anderen Gästen oder dem Kellner immer wieder mit Floskeln und Fragen dabei gestört, bis er ausrastete und sich brüllend Ruhe erbat. Fortan beobachteten ihn alle beim Essen. Hier sollte laut Vicco von Bülow ein beklemmendes Gefühl entstehen, dass alles und alle gegen ihn seien, ohne dass er etwas tun könne. Wieder musste taktgenau gearbeitet werden.

Diese Szene war für Redaktionsleiter Jürgen Breest exemplarisch für ein weiteres Stilmittel. Denn vielen von Loriots Sketchen fehlt im eigentlichen Sinne die Pointe. Der Reiz liegt vielmehr in absurden Grundkonstellationen, die dann ausgeweitet wurden.

Der »Zimmerverwüster« – ein Stück übrigens mit einer herrlichen Pointe, bei der der Titelheld am Ende seiner Aktion sagt, das Bild hänge schief – war ein weiterer Glanzpunkt jener Sendung. Zerstörung und Misslingen waren letztlich ein Prinzip der Arbeit von Loriot, er zerstörte gern mal etwas. Nie jedoch so mit Verve und so nachdrücklich und gleichzeitig so komisch wie im Sketch »Zimmerverwüstung«. Unterlegt von Ravels zackiger Musik sah ein wartender Besucher, dass ein Bild an der Wand schief hängt. Eigentlich wollte er es nur geraderücken – und stolperte in die Katastrophe. Am Ende ist das Zimmer komplett verwüstet. Einer der schwersten Sketche für Loriot, gerade weil die Zerstörung so perfekt sein musste, gleichzeitig aber so zufällig und dennoch unvermeidbar ablaufen sollte. Zudem war keine Zeit, das Zimmer ein zweites Mal aufzubauen. Die Choreografie des Chaos musste also beim ersten Mal sitzen.

LORIOT III

Nach den ersten beiden Folgen, beide gesendet im Jahr 1976, folgte die erste kleine Zäsur. Bis dato war Jürgen Breest lediglich mit organisatorischen Aufgaben, nicht aber kreativ dabei gewesen. Nun bat ihn Vicco von Bülow erstmals zu einem zweiwöchigen Brainstorming nach Schloss Elmau. Nicht gänzlich entspannt, wenn auch geschmeichelt wusste er, dass er direkter Partner von Loriot werden sollte. Er stimmte zu – und erlebte im Folgenden eine der aufregendsten Phasen seiner Laufbahn. Schloss Elmau kann als Brutstätte vieler heute legendärer Sketche, Charaktere und Zitate gelten, denn hierhin zog sich von Bülow öfter zurück. Er schrieb an diesem Ort unzählige Dialoge und Drehbücher.

Am Fuße des Wettersteins, nahe Garmisch-Partenkirchen, wo er sich gern ins »Fürstenzimmer«, Zimmer 219, einmietete, mit dem Schreibtisch im Erker, von dem aus er einen herrlichen Blick auf die Wettersteinwand hatte. Dieses Hotel wird gern als »Zauberberg-Ersatz« bezeichnet, für all jene, die nicht krank sind, aber sanatoriumsartige Ruhe suchen. Mit seinem verstaubten Ambiente, das es vor dem Umbau nach einem Brand von 2005 noch hatte, erklären sich sicher viele von Loriots Figuren. »Hier saßen die Herren Müller-Lüdenscheid und Dr. Klöbner sozusagen in der Badewanne«[103], schrieb zu Recht das *Manager Magazin*. Keine Neuigkeit ist es, dass Loriots Komik auf der genauen Beobachtung seiner Mitmenschen fußt. Da Schloss Elmau viele ungewöhnliche und faszinierende Leute anzog, konnte er sich dort intensiv umschauen und sein Personal vervollständigen.

Die Tage mit Loriot vergingen für Breest mit anregenden Gesprächen und Gedanken. »Wir wurden zu fantasierenden Kindern, ließen uns treiben nach dem Motto ›Was könnte man aus dieser oder jener Situation machen?‹ Dabei ging es nicht immer ernst zu, oft waren wir übermütig bis zur Albernheit. Zu Spaziergängen war Loriot selten zu überreden, die machte ich allein, während er sich in sein Zimmer zurückzog, um aus unserem ›Spinnereien‹ konkrete Sketche zu entwickeln«[104], berichtete der Redaktionsleiter. So wie Loriot seinen Schauspielern Perfektion bis zur Schmerzgrenze abnötigte, so verlangte er auch von den Mitarbeitern hinter der Kamera das Äußerste. Immer mussten den ersten und zweiten Entwürfen weitere folgen, stets wurde alles bereits Erarbeitete noch einmal neu durchdacht und perfektioniert.

Ein wichtiger Faktor war dabei die Erstrezension innerhalb der Familie, allen voran durch Ehefrau Romi. »Die Bülow'sche Humorwerkstatt hat man sich zweifellos als eine Art ›joint venture‹ vorzustellen«, fand die *Frankfurter Allgemeine Sonntagszeitung* heraus. »Er las ihr vor, sie nickte ab, was gefiel, und kommentierte, was nachgebessert gehörte. Seine gern als Perfektionismus verbrämte Pedanterie, sein Arbeitseifer, Auftragsärger, Auftragsfreude, Verzweiflung, weil er nie nein sagen konnte und kann, all das gehörte zu den Szenen dieser Ehe.«[105] Die Gattin des Humoristen war ohnehin eine wichtige Instanz, denn vieles, was Loriot so gekonnt zu Sketchen vernudelte, entsprang tatsächlich dem Familienleben der Eheleute Vicco und Romi von Bülow. Wer mag da nicht an das Viereinhalbminuten-Ei oder den Staubsaugervertreter denken.

»Das Frühstücksei«, Teil 1 der Trilogie *Szenen einer Ehe*, jenem Trickfilm-Sketch eines Ehepaares am Frühstückstisch, der mit der einfachen Feststellung »Das Ei ist hart« beginnt und in der ultimativen Drohung »Ich bringe sie um, morgen bringe ich sie um!« endet, zeigt dabei derart ausgefeilt das totale Scheitern menschlicher Kommunikation, dass es gar in psychologischen und germanistischen Exkursen und Lehrbüchern Einzug gehalten halt. Exemplarisch soll hier ein kleiner Auszug aus einem Beitrag von Ulla Fix mit dem Titel »Der Umgang mit den Griceschen Konversationsmaximen in dem Dialog ›Das Ei‹ von Loriot« zitiert werden. Die genannten Maximen nach Paul Grice lauten hierbei in Kurzform: Quantität (Sei informativ!), Qualität (Sei wahrhaftig!), Relation (Sei relevant!) und Ausdruck (Sei klar!)

»ER hingegen, der sich möglicherweise moralisch überlegen fühlt, antwortet wirklich auf ihre Frage: ›Weil dieses Ei nicht viereinhalb Minuten gekocht haben *kann*!‹ Seine Anfangsaussage ›Das Ei ist hart!‹ wird auf variierte Weise wiederholt. Implizit teilt ER mit: Das Ei ist zu hart dafür, daß es viereinhalb Minuten gekocht haben könnte: Kooperativitätsprinzip und Relevanzmaxime sind eingehalten.

SIE antwortet: ›Ich koche es aber jeden Morgen viereinhalb Minuten!‹ Wieder verletzt SIE die Wahrhaftigkeitsmaxime, indem SIE einen falschen Kausalzusammenhang herstellt, etwa so: Ich koche das Ei jeden Morgen viereinhalb Minuten. Wenn ich das Ei jeden Morgen viereinhalb Minuten koche, dann habe ich es auch heute getan. Also ist das Ei nicht hart. Auch die Relevanzmaxime ist verletzt. Es interessiert ja nicht, was sonst geschieht, sondern was heute geschehen ist, also nicht die Gepflogenheit, sondern der aktuelle Vorgang.

Wieder weicht ER nicht aus. ER hat allerdings auch nichts zu verteidigen. SIE ist die Angegriffene. Und so kann er gut auf seinem Thema bestehen und sich mit seiner Frage gegen die Darstellung falscher Kausalzusammenhänge wenden. Da er Verständigung, warum auch immer, sucht, muß man ihm die Einhaltung des Kooperativitätsprinzips bescheinigen.

Als letzte Äußerung will ich ihre Replik darauf betrachten. SIE sagt: ›Ich weiß es nicht ... ich bin kein Huhn!‹ Der erste Teil der Antwort könnte Kooperativität vermuten lassen. Hier wird etwas zugegeben. Der zweite Teil hebt das jedoch auf. Wieder wird ein falscher Kausalzusammenhang hergestellt, den man in der folgenden Weise ausdrücken könnte: Um zu wissen, wie lange ein Ei gekocht werden muß, muß man kein Huhn sein.«[106]

Auch maskentechnisch kam Vicco von Bülow immer mehr in Fahrt. Er entstellte sich sogar für einen guten Witz. Etwa beim Sketch »Das Filmmonster«, in dem die Interviewerin den Schauspieler Vic Dornberger für dessen furchterregende Maske lobt, der aber nur verblüfft dreinblickt und sagt: »Maske, welche Maske?« Mit dem Einsatz von Gebissen allein sorgte von Bülow für Entfremdung, etwa auch beim Sketch »Die Nudel«, einem weiteren der Top-Ten-Loriot-Sketche, der ebenfalls in Sendung III erstmals gezeigt wurde. Auch da hat der Galan, der sich so irrwitzig eine Nudel durchs Gesicht schiebt, einen leichten Überbiss, was verbunden mit der Nudel und seiner durchgängigen Ernsthaftigkeit (»Hildegard, ich liebe Sie«) für weitere Komik sorgt.

Loriot erzählte später einmal, dass er drei unterschiedliche Sätze an künstlichen Zähnen für alle möglichen Sketche besaß. Die künstlichen Beißer hatten ganz unterschiedliche Formen und waren von einem Zahnarzt nach intensiver Beratung mehr oder weniger maßangefertigt worden.[107] Doch nicht nur das Gebiss und das planmäßige Verschieben der arglosen Teigware sorgte für den von Loriot gewünschten Effekt, es war auch eine schauspielerische Topleistung von Evelyn Hamann, obwohl sie kaum Mimik zeigte und noch weniger sagte. Ihre Art der starren Schockiertheit machte den etwas nervigen Liebhaber erst lächerlich.

Für Schriftsteller Patrick Süskind war der Sketch ein herausragendes Beispiel für Loriots Komik und den Genius darin. »Gleichwohl wüßte ich niemanden, der in der Lage wäre, diese Beobachtung, diese Idee, diesen Einfall – oder wie immer man es nennen will – zu einer so hinreißend komischen Szene zu steigern, wie es Loriot im Spaghetti-Sketch gelingt, nicht nur indem er den Speiserest – ein Stückchen Nudel im Mundwinkel eines Herrn – konterkariert durch eine Liebeserklärung, die der nämliche Herr an die ihm gegenübersitzende Dame richtet, sondern indem er, gleich zu Beginn der Szene, das widrige Nudelstückchen durch eine Bemerkung der Dame (»Sie haben da was am Mund ...«) und ein Serviettenwischen des Herrn scheinbar endgültig aus dem Spiel schafft, um es freilich sogleich wieder durch eine erneute Ungeschicklichkeit des Herrn auf dessen Oberlippe zu plazieren, mit dem Ergebnis – und ich kann diesen Kunstgriff gar nicht genug bewundern –, daß die schon einmal inkriminierte Nudel von nun an nicht mehr zur Sprache gebracht werden kann, sich von einem nebensächlichen, allenfalls lächerlich-ekligen Detail zu einem zentralen, anstößigen Accessoire verwandelt, das zum wachsenden Entsetzen der Dame und zum Vergnügen des Zuschauers, auf die groteskeste, dabei aber glaubwürdige Weise durch allerlei Zufälligkeiten bewegt, von der Lippe zum Auge, von dort zur Nase, zum Kinn und zum Zeigefinger des ahnungslos werbenden Galans wandern kann, ehe es, mitsamt allen seinen Hoffnungen, jemals erhört zu werden, in einer Tasse Kaffee ertrinkt ... Besser kann man's nicht machen.«[108]

Nicht zum ersten Mal geriet Vicco von Bülow ob der Lebensnähe seiner Figuren in einen delikaten Konflikt. Schon seine Frau hatte immer wieder Bedenken geäußert, das Volk draußen müsse ja einen schönen Eindruck vom Bülow'schen Familienleben haben. Das aber, wie Vicco von Bülow erleichtert berichten konnte, war nicht ganz ernst gemeint. Einzig zum Sketch »Liebe im Büro« machte seine Schwiegermutter einen etwas betretenen Eindruck. »Die Nudel« und »Liebe im Büro« waren auch die ersten Sketche, in denen Loriot und Evelyn Hamann ihr später legendäres Duett begründeten. Es waren die ersten gemeinsamen Szenen, nachdem Hamanns Einsätze in den ersten beiden Sendungen eher zurückhaltend waren.

LORIOT IV

Was Evelyn Hamann konnte, das durfte sie in den folgenden Sendungen dann allerdings reichlich unter Beweis stellen.

Die Szene, in der sie minutenlang mit der Aussprache der Darsteller, Schauplätze und weiterer Bestandteile einer englischen Serie kämpft, ist unvergessen.

Eine weitere Szene, die noch jeder im Ohr und vor Augen hat – wie sich Evelyn Hamann tapfer und ohne Zungenknoten durch diesen Text kämpft und dabei ernst bleibt. Es war sicherlich ihr Meisterstück unter Loriots strengem Regiment.

Ein weiterer Sketch mit schwerwiegenden Folgen war der »Bettenkauf«. Darin trieb Loriot seine Späße mit den Ausgeburten der deutschen Sprache auf die Spitze. Amtssprache und auch der Duktus der Werbung waren immer seine liebsten Angriffsziele. In wohl keinem anderen Loriot-Sketch wurde der Sprachwahnsinn derart auf die Spitze getrieben.

Die Wortschöpfungen waren komplett erfunden. Als er selbst einmal tatsächlich ein neues Bett kaufen wollte, muss es zu sehr komischen Szenen gekommen sein, denn selbstverständlich wussten alle, wer hier ein Bett kaufen wollte. Die Belegschaft des Geschäftes soll wohl auch textsicher gewesen sein.[109] Noch eine Auswirkung des Sketches: Unter dem Namen »Hallmackenreuther« gibt es heute am Brüsseler Platz in Köln eine sehr beliebte Bar im Stil der 1970er-Jahre.

Nicht zu vergessen, und ebenfalls in Folge IV: Bello, der sprechende Hund, berühmt geworden durch den Satz: »Hoho, hohohohoo.«

LORIOT V

Das Highlight der fünften und vorletzten Folge: die »Herren im Bad«. Hier wurde besonders deutlich, wie gezielt Loriot seine Stilmittel einsetzte. Und dadurch überhaupt erst für Komik sorgte. Dass die Geschichte von Dr. Klöbner, Herrn Müller-Lüdenscheid und der Ente im Hotelbadezimmer als Realfilm nicht lustig gewesen wäre, leuchtete jedem ein. Die Wahl der Technik war entscheidend: »Die Nudel« als Zeichentrick? Genauso undenkbar wie der »Lottogewinner« gezeichnet. Die Wirkung wäre verpufft.

Die richtige Technik setzte Vicco von Bülow auch beim Sketch »Flugessen« ein. Technik und besonders großen Aufwand. Um die Umständlichkeit zu zeigen, die schon in den billigflugfreien 1970er-Jahren das Einnehmen einer Mahlzeit im Flugzeug (bei versuchter Beibehaltung jeglicher Haltung und Höflichkeit) mit sich brachte, wurde ein halbes Flugzeug in den Bremer Fernsehstudios aufgebaut. Der TV-Kritiker der *Zeit* nahm die fünfte Sendung, in der unter anderem dieses wilde Hantieren mit Lebensmitteln zu sehen war, einen Höhepunkt unter vielen großartigen Sendungen zum Anlass, den Loriot'schen Humor semi-wissenschaftlich zu analysieren: »Was immer er seine Personen, und sich selbst voran tun läßt – entscheidend ist, daß sie unangemessen, nicht ›normal‹ (...) reagieren: unfähig, sich auf die Lage mit ihren speziellen Anforderungen einzustellen. Einerlei, ob da einer im Flugzeug Rilke zitiert (...), während ein anderer sich über die Schönheiten des Kasseler Schwimmbads verbreitet; einerlei, ob zwei Männer, die versehentlich in der gleichen Hotelbadewanne sitzen, sich aufführen, als gelte es, eine Tischkonversation dem akademischen Komment entsprechend über die Runden zu bringen. (...) Immer geht es um die Entwicklung von Situationen, in denen sich Menschen unangemessen, maschinell und damit komisch verhalten. Ihr Körper und ihre Rede sind gleichsam ›für sich‹; Gestik, Mimik und Sprache wirken sperrig; die Glieder proben den Aufstand gegen das eigentlich von ihnen Verlangte.«[110]

Kritisiert wurde allerdings, dass Loriot einige seiner Sketche und damit den Witz samt Pointe doch sehr in die Länge zog, schon in den fernseh-ruhigen 1970er-Jahren fiel diese Langsamkeit auf. Dennoch blieb der Grundtenor ein begeisterter.

LORIOT VI

Die letzte Folge der zweiten (und letzten) Fernsehreihe von Vicco von Bülow setzte noch einmal einige Höhe- und Glanzpunkte. Hier versammelte er legendäre Sketche wie den »Kosakenzipfel«, »Die Jodelschule« und allen voran »Weihnachten bei Hoppenstedts« und »Vertreterbesuch«.

Letzterer wurde, wie so viele andere Sketche, durch einen entscheidenden Satz zum Kulturgut. In diesem Fall war es: »Es saugt und bläst der Heinzelmann ...« Jener gleichnamige Staubsauger wurde von Rudolf Kowalski an die Frau gebracht, einem damals gerade 30 Jahre alten Bochumer Jungschauspieler, der hier seine ersten Fernsehauftritte absolvierte. Zwei Tage vor Drehbeginn brach er sich den rechten Arm und musste Gips tragen. Woraufhin Vicco von Bülow die Sketche umschrieb und kurzerhand den Einhandstaubsauger erfand.

Kowalski war auch Jahrzehnte später noch angetan von seiner Arbeit mit dem großen Komiker. »Ich durfte bei Loriot mitspielen. Vom ersten bis zum letzten Drehtag, akribisch, höflich und humorvoll. Ein Herr. Ein großzügiger Mensch, der durch den Feinkostladen läuft und seinen Mitarbeitern Delikatesspakete zusammenstellt. Ein Regisseur, der keine Schludereien duldet, keine Halbheiten. Präzision und ein untrügliches Gefühl für Timing und Maß. Nie zuviel, nie zuwenig. Wehe, wenn er vorspielte, weil: DAS kannst du niemals! Aber du hörst genau: DAS ist der richtige Ton, kein anderer, kein halber drunter, kein Viertel darüber, nur dieser Ton ist richtig, dieser eine Ausdruck, kein anderer.«[111]

Einen großen Raum innerhalb der Folge, die ja im Advent 1978 gesendet wurde, nahm »Weihnachten bei Hoppenstedts« ein, immerhin 25 Minuten und damit über die Hälfte der Sendezeit. Zu dem altbekannten Ensemble mit Heinz Meier und Evelyn Hamann als Eheleute Hoppenstedt und den zum Greis geschminkten Loriot als Opa Hoppenstedt (»Früher war mehr Lametta!«), hatte die Redaktion im Vorfeld der Sendung die Aufgabe gehabt, einen Darsteller (oder eine Darstellerin) für die Rolle des Kindes »Dickie« zu finden. Zu den Kandidaten zählte auch ein gewisser Hans-Peter Kerkeling, der aber nicht genommen wurde. Der dafür aber später eine ungleich größere Karriere machte als Katja Bogdanski, die schließlich die Rolle bekam. Von vornherein ließ es Loriot offen, ob Dickie denn nun ein Junge sei oder ein Mädchen, die damals sieben Jahre alte Schülerin jedenfalls ist im Sketch nicht eindeutig zu identifizieren. »Dickie war kein Er oder Sie, sondern ein Es – mit dickem Bäuchlein in zu engen Hosen«, sagt Katja Bogdanski.[112]

Sie wurde dem Redaktionsteam vom Hausmeister der Bassener Grundschule in Bremen empfohlen. Die Redakteure waren in Vicco von Bülows Auftrag auf der Suche nach einem dicklichen, aber aufgeweckten Kind. Katja Bogdanski, als Erwachsene sehr schlank, war lange Zeit die dickste Schülerin ihrer Klasse. Aber mit ihrem Engagement bei Loriot sollten die Hänseleien enden.

Die Dreharbeiten waren für sie wie für alle von Loriots Darstellern ziemlich hart. Fast 90 Mal musste sie gegen den Fernseher treten, bis es genau so war, wie Loriot es haben wollte – ja, Humor war schweißtreibende Arbeit. Auch die anderen Teile der Rolle, Dickie musste das Gedicht »Zickezacke Hühnerkacke« aufsagen, Grimassen schneiden und die Zunge herausstrecken und bekam schließlich einen Bausatz für ein

Atomkraftwerk überreicht, waren für die Grundschülerin ungewohnt und schwierig. Es flossen auch Tränen, um deren Trocknung sich Mutter Bogdanski, aber auch die rührige Evelyn Hamann bemühten. »Unangenehm in Erinnerung geblieben ist mir Heinz Meier, der den Papa Hoppenstedt gespielt hat. Der war muffelig und hat kein Wort mit mir gesprochen. Wenn in einer Szene mal was schief lief, hat er ständig mir die Schuld in die Schuhe geschoben, obwohl er das selber verpatzt hatte.«[113]

Aber es lohnte sich für die kleine Katja. Denn fortan spielte ihre damalige Pummeligkeit keine Rolle mehr. Sie war der Star, wurde von der Schule mit Chauffeur zu den Dreharbeiten gefahren und ihre Eltern bastelten sogar Autogrammkarten, die unter den Mitschülern sehr begehrt waren.

Vicco von Bülow selbst hatte großen Spaß in der Rolle des Opa Hoppenstedt. Auch zu anderen Gelegenheiten, schon zu *Cartoon*-Zeiten, ließ er sich von seinen geschickten Maskenbildnern gern zum halbsenilen Greis umgestalten. Und spielte den dann auch überzeugend. Auch ein Talent, das er vom Vater geerbt hatte, der das selber auch gerne gemacht und auch mit zunehmendem Alter immer noch ältere Männer parodiert hatte.[114]

Wie immer verliefen die Dreharbeiten hochgradig konzentriert. Ernsthaftigkeit in der Humorproduktion war Vicco von Bülows Maxime. Gelacht und gescherzt wurde da selten. Im Durchschnitt 15 Mal musste jedes Stückchen gedreht werden – für Spaß nebenher blieb da kein Raum. Die Drehtage waren nicht nur spaßfrei, sondern auch anstrengend für alle Beteiligten. Wie gehabt. Das Mantra des Loriot war längst allen klar und es würde sich auch bei seinen weiteren Arbeiten auf Opernbühne oder Filmleinwand nicht ändern: Perfektion.

Als im Herbst 1978 *Loriot VI*, im Kasten war, fiel noch im Studio eine weitreichende Entscheidung. Der Regisseur sprach die siebte Folge an, die man allmählich vorbereiten müsse. Und Loriot wusste plötzlich: Es wird keine weitere Folge geben. Evelyn Hamann und der Regisseur waren geschockt. Doch Vicco von Bülow hatte das sichere Gefühl, dass es genug sei, dass er sich nicht der Gefahr aussetzen wolle, sich selbst zu kopieren. Für ihn war das Medium Fernsehen ausgereizt. Er kam nicht wieder. Egal, was man ihm auch anbot.

7. Filme, Theater, Musik

Zwischenspiele

Nach Ende seiner zweiten großen Fernsehkarriere, die ihn endgültig zum deutschen Superstar des Humors gemacht hatte, wollte sich Vicco von Bülow eigentlich seinem ersten Kinofilm widmen. Aber das sollte noch einige Jahre dauern. Bis dahin gab es immer wieder das eine oder andere Intermezzo auf den verschiedensten Bühnen, die die Kulturlandschaft bereithielt. Im Dezember 1979 ließ sich Hundefreund von Bülow überreden, im Rahmen der seinerzeit noch extrem populären Wohltätigkeitsgala *Stars in der Manege* aufzutreten. In seiner Eigenschaft als Loriot sollte er Hündin Jenny in einer Zirkusnummer präsentieren.

Überhaupt bewies er großes Engagement im wohltätigen Bereich. Schon der gesammelte Irrsinn um den Hund Wum kam ja größtenteils der »Aktion Sorgenkind« zugute, später engagierte er sich auch für die Marianne-Strauß-Stiftung, die Aids-Hilfe oder auch für den Erhalt des Domes in seiner Geburtsstadt Brandenburg an der Havel.

Ebenfalls 1979, am 6. Oktober, entstand eine Aufnahme, die auch später immer wieder gern gezeigt werden sollte, als Loriot beim Bundeskanzlerfest die Berliner Philharmoniker dirigierte, Beethovens Coriolan-Ouvertüre. Als Klaviertransporteur fühlte er sich von einem fliegenden Insekt verfolgt, geriet dabei ans Pult des Dirigenten, fuchtelte weiter wild mit den Armen – und gab so versehentlich dem Orchester den Einsatz. Beethoven passte überraschend gut zu seinen verzweifelten Abwehrkämpfen gegen das Tierchen. Das kokettierende »versehentlich« in dieser Aktion deutete schon auf eine heimliche Leidenschaft hin, die er aber vollends erst Jahre später sollte ausleben können. Dieses erste große Musik-Erlebnis sollte Vicco von Bülow allerdings, sicher ebenfalls etwas kokettierend, als »Albtraum« bezeichnen. Er erzählte gern davon, dass es ja nun etwas anderes sei, ob man im Wohnzimmer eine CD dirigiere oder vor über 100 absoluten Profis stehe. Auf dem Weg zur ersten Probe musste er feststellen, wie beklommen er sich fühlte. Als er sich aufs Pult gehievt und sich für »vollkommen verrückt« erklärt hatte, gab es aber auch keine Chance zum Rückzug mehr. Dennoch konnte er es gar nicht glauben, dass dann auf sein Zeichen hin das Orchester tatsächlich zu spielen anfing. Einigermaßen von dieser Tatsache überwältigt, musste er erst einmal wieder richtig zu sich finden, um dann das Spiel abzubrechen. Er besprach sich mit dem Konzertmeister, dass er das Tempo für zu langsam fand. Woraufhin ihm dieser sagte, dass er als Dirigent dann eben einfach ein schnelleres Tempo vorgeben solle. Von der Tatsache, dass ein ganzes Orchester letztendlich wirklich das machen würde, was er vorgab, war Loriot überwältigt.[115]

Auch im Fernsehen bekam man ihn wieder zu sehen. Zum Politmagazin *Report* sollte er im Vorfeld der Bundestagswahl 1980 sechs humoristische Beiträge beisteuern. Geplant waren sogenannte Ehegespräche, in denen Loriot mit Evelyn

Hamann als Ehegattin politische Gespräche absolvierte. Natürlich nach Art des Hauses Loriot. In einer Pressemitteilung des verantwortlichen Senders »Südwestfunk« vom 13. Februar 1980 hieß es deshalb recht blumig: »Als Ausdrucksform wählte Loriot das tagtäglich sich immerwiederholende Ehegespräch mit seinen absurden, grotesken, schon eher bitteren als komischen Kommunikationsschwierigkeiten zwischen Mann und Frau (...) Das Verhalten auf den ausgefahrenen Ehegleisen ähnelt – Loriot macht's möglich – den politischen Gleisen.« Letztlich entstanden sogar acht Sketche, die zwischen Februar und September gesendet wurden, nur zwei davon waren allerdings das geplante »Ehegespräch«.

Zwei kleinere Gastauftritte hatte Vicco von Bülow ebenfalls. Einmal in einem Fernsehfilm von 1981 mit dem wenig verheißungsvollen Titel *Wer spinnt denn da, Herr Doktor?*, für den sein Freund Stefan Lukschy zusammen mit Christian Rateuke verantwortlich zeichnete. Ein Jahr später wurde es etwas gehaltvoller, da verkörperte er Thomas Mann in Bernhard Sinkels fünfteiligem Fernsehfilm *Die Bekenntnisse des Hochstaplers Felix Krull*.

Auch im Bereich des Theaters war Loriot aktiv. Zu Fasching 1982 veranstaltete er am Münchner Residenztheater mit August Everding und Klaus Schultz eine Matinee mit seinen Sketchen. Drei Jahre später war sein Freund Schultz zum Intendant am Aachener Theater ernannt worden, wo Loriot dann sogleich die Regie zur Inszenierung ausgewählter »dramatischer Werke« übernahm.

Am 18. Mai 1985 gelang Vicco von Bülow wieder etwas besonders Außergewöhnliches. Unter dem Titel *Loriot der Brandenburger* eröffnete er im Dom seiner Geburtsstadt und damit in der real existierenden DDR eine große Werkschau. Trotz wenig Werbung und nur an ausgewählte Personen vergebene Einladungen kamen über 1000 Menschen, sicher vor allem, um Loriot einmal live zu sehen. Zur Eröffnung hatten sich der Staatsekretär für Kirchenfragen Klaus Gysi, der Vater des späteren bekannten Links-Politikers, eingefunden, wie auch Hans Otto Bräutigam, einer der Leiter der Ständigen Vertretung der Bundesrepublik in der DDR. Die Laudatio auf den westdeutschen Humor-Star hielt Karl Kultzscher, der Verleger der beiden Loriot-Bücher im DDR-Verlag Eulenspiegel. In den *Brandenburgischen Neuesten Nachrichten* hieß es damals: »Alle Besucher erhoben sich von ihren Plätzen und spendeten ihm spontan herzlichen Beifall, ihm, dem hochgewachsenen Mann, dessen weißer Haarschopf und ein mildes, fast verlegenes Lächeln im Gesicht ihn leicht erkennbar machten. Sichtlich bewegt dankte Vicco von Bülow alias Loriot seinen ›lieben, lieben Brandenburgern‹ (...) Und er dankte der Stadt, dass sie ihn aufgenommen hat wie einen nicht verlorenen Sohn.« Der Autor bekam hernach für den Text noch reichlich Ärger mit der SED-Bezirksleitung, die ihn einbestellte und den Artikel als »gesamtdeutsche Gefühlsduselei« bezeichnete, vermittels derer die Zeitung dem »Klassenfeind ihre Spalten geöffnet« habe.[116] Bis zum Anbruch einer neuen Zeit waren es nur noch vier Jahre, und doch schien Mitte der 1980er-Jahre jede Hoffnung darauf vollkommen absurd. Vicco von Bülow litt sehr unter diesen Zuständen im geteilten Deutschland.

7. Filme, Theater, Musik

Eine heimliche Liebe

Vicco von Bülow, Opernliebhaber von ganzem Herzen, bedauerte es von je her, dass er seiner Meinung nach nicht talentiert genug war, seine Leidenschaft Musik zum Beruf zu machen. Als er das Angebot bekam, bei einer Oper Regie zu führen, hatte er erstmals die Chance, seine aktuellen Tätigkeiten mit seiner Leidenschaft zu verbinden. Deswegen nahm er 1985 die Offerte der Stuttgarter Oper an und inszenierte *Martha*, ein Werk des Mecklenburger Komponisten Friedrich von Flotow.[117] Flotow wurde 1812 im Landkreis Bad Doberan in Mecklenburg geboren, dort, wo auch einige von Bülows lebten und leben, die mit den Flotows auch weitläufig verwandt waren. Beim Stück hatte Loriot freie Wahl, das hatte ihm sein Mentor zugesagt, der damalige Generalintendant Wolfgang Gönnenwein, der mit seiner aufgeschlossenen Art nach seinem Dienstantritt am 1. August 1985 einige spannende Inszenierungen ermöglichte. Warum nicht auch Loriot als Regisseur?, mag er sich gedacht haben. Und für den war es die Erfüllung eines Lebenstraums.

Gern hatte er stets erzählt, wie er als Steppke das großmütterliche Grammofon ankurbelte, um Enrico Caruso, Fjodor Schaljapin oder Beniamino Gigli zu hören, zu lauschen, wie sie »La donna è mobile« oder »Che gelida manina« intonierten. Gern hatte er erzählt, wie er sich nach der Blinddarmoperation am Anfang der 1930er-Jahre nichts sehnlicher gewünscht hatte als einen Opernbesuch. Wie er in gut 25 Operninszenierungen, just an der Stuttgarter Bühne, als Statist mitwirkte.

Kellner, Seeleute und Soldaten gab er da und schnupperte intensiv die Theaterluft. Und das alles unweit von seinem Zuhause. Mit Schaudern erzählte er später auch manchmal, wie er sich die Monate und Jahre des Kaukasus-Feldzuges erträglich gemacht hatte, indem er im Schützengraben Opernarien sang. Er kannte eine ganze Reihe davon auswendig.

Immer wieder kreuzten sich auch in seiner späteren Arbeit Vicco von Bülows Wege mit denen der Musik. In vielen Sketchen nahm er die Thematik oder Anspielungen darauf auf, beim *Karneval der Tiere* lebte er diese besondere Liebe aus oder beim besagten Dirigieren der Berliner Philharmoniker. Jetzt aber wagte er sich erstmals außerhalb seines Metiers, der Komik, an ein Werk der klassischen Musik. Der hohen, der vermeintlich ernsthaften Kunst.

Und das auch noch in Stuttgart, dort, wo er schon mit 16, 17 Jahren als Statist auf der Bühne gestanden hatte, zum Beispiel bei *Aida*, als er die urkomische Geschichte mit den nur halb schwarz angemalten Trägern belacht hatte. *Martha* war da ein anderes Kaliber, eine komische Oper, eher leicht als imposant, die nach ihrer Uraufführung 1847 in Wien vor allem im leichtlebigeren Frankreich Erfolg feierte – eher harmlos und sogar gefühlsduselig. Es war Mitte des 19. Jahrhunderts nicht nur der Deutschen liebste Oper, sie lief in ganz Europa, ja sogar in New York, Sydney oder St. Petersburg. Bei Kritikern war sie jedoch – wie auch heute – ob ihrer Seichtheit, aber auch ihres französisch-italienischen Flairs, eher gering geschätzt.

Vicco von Bülow entschied sich bewusst für das leichte Werk und nicht etwa für einen Wagner, obwohl der bekanntermaßen der absolute Favorit des Künstlers war. »Da hätte die Öffentlichkeit eine Parodie gewittert, und dafür war Loriot sich und Wagner zu schade.«[118] Zudem hatte Flotow in der Opernszene damals wie heute den Ruf, ohnehin kein wirklich herausragender Komponist gewesen zu sein, das machte sein Werk als Einstieg wohl leichter. Meyers Konversationslexikon in der Auflage von 1880 schrieb über ihn: »F. kann nicht für einen bahnbrechenden Tondichter gelten; er lehnt sich entschieden an die neueren französischen Opernkomponisten, namentlich an Auber, an, dessen geistreiche Grazie er sich bis zu einem bestimmten Grad angeeignet hat. Doch ist seinen Werken eine gewisse Originalität nicht abzusprechen, und selbst der strengere Kritiker muß die leichte, lebendige Bewegung, den anmutigen Melodienfluß, die geschickte und effektvolle Instrumentierung derselben anerkennen.« An die 40 Opern hat Flotow zeit seines Lebens komponiert, einzig *Martha* wird heute überhaupt noch gespielt. Gleichwohl, so urteilte die *Zeit* im Januar 1986, hatte sich auf der Oper »so viel Staub gesammelt, daß ihre biedermeierliche Botschaft niemanden mehr neugierig machte – obwohl der Komponist nichts anderes im Sinn gehabt hatte, als zu amüsieren. Marthas Reiz ist die wunderliche, mitunter pikante Mischung aus Komik und Sentimentalität, aus Heiterkeit, entwaffnender Naivität und tränennasser Gefühlsseligkeit.«[119]

Vicco von Bülow stand exquisites Personal zur Verfügung. Allen voran zum Beispiel eine noch sehr junge Waltraud Meier, die in den folgenden Jahren zur gefragtesten deutschen Diva werden sollte. Dazu der Chor und das Orchester der Staatsoper Stuttgart unter Wolf-Dieter Hauschild sowie Sänger des Württembergischen Staatstheaters. Er nahm sich aber auch viel vor, neben der Inszenierung gestaltete er das Bühnenbild und die Kostüme. In minutiöser Kleinarbeit wurde jedes Detail aufgezeichnet. Ein Liebesdienst an der großen Liebe. Es war die Erfüllung eines Kindertraumes, und er genoss die Monate der intensiven Arbeit mit den Sängern, Musikern und den anderen Theaterschaffenden.

Mit Verve hatte er sich in die Arbeit gestürzt, die Skizzen zu Bühnenbild und Kostümen könnten ganze Ausstellungen füllen und sind für sich schon kleine Kunstwerke. Und auch mit den Künstlern gab er sich allergrößte Mühe. »Hm. Macht der Mann in der Cordhose. Hm. Immer wieder. Hm. Er spielt gerade was vor. Den Gang eines verliebten jungen Mannes auf ein Fräulein zu und – huschhusch – wieder weg. Wieder und wieder macht er das dem Tenor vor, der verständnisunsinnig hinter ihm herschaut. Und der Mann in der Cordhose macht: Hm. Er ist freundlich, beharrlich und überhaupt nicht lustig. Das hier ist eine ernste Angelegenheit, Oper, er gibt hier, sagt er später, schließlich das Geld anderer Leute aus. Da muss man vorsichtig sein. Immer näher bringt der Mann in der Cordhose seinen Tenor an den Kern der Szene. Bis der es verstanden hat und dabei so aussieht, als wüsste er nicht genau, wie das eigentlich geschehen konnte«[120], so beschrieb die

Welt am Sonntag eine Probenszene. Dabei war Loriot ein Regisseur, wie ihn sich Opernsänger wünschen. Da er über die Liebe zur Musik zur Oper kam, war es ihm wichtiger, die Akteure stimmlich in Szene zu setzen als schauspielerisch agieren zu lassen, denn »Sänger und Sängerinnen, die wissen, daß der Regisseur immer auch ihre musikalische Wirkung im Auge behält, sind bessere Schauspieler«[121], fand Vicco von Bülow. Auch hatte er nette kleine Einfälle. Schon in der Ouvertüre ließ er zwei Protagonisten, von großen Händen geführt, die sich von der Decke auf die Bühne schoben, wie Marionetten herumtanzen, an anderer Stelle fror die Szene förmlich ein, bevor ein riesiger Zeigefinger aus Pappmaschee den Sänger anstupste und so zum Weitermachen anregte. Dazu ein Männerballett in Unterhosen oder eine Jagdgesellschaft, die zur Zirkusnummer abgerichtet wurde und nicht zuletzt auch der Gastauftritt von Richard Wagner, der stumm in der Schänke saß und bei den Worten »Tristan, Tristan« aufsprang und von dannen lief. Und dennoch bekam die Inszenierung eher ein durchwachsenes Echo.

»Ist sie denn gescheitert, Flotows *Martha* in der Inszenierung, in Bühnenbild und in den Kostümentwürfen von Loriot, dem Wagnerianer aus Passion und von Geburt?«, fragt die *Frankfurter Allgemeine Zeitung* nach der Uraufführung am 24. Januar 1986. Eine rhetorische Frage des Kritikers, die er nicht mit einem einfachen Ja oder Nein beantworten wollte. »Eventuell mit vier Worten: Ja, aber mit Charme. Oder auch mit acht Worten: Nein, aber ein wenig enttäuscht war man doch.« Zwar habe Loriot einige hübsche Einfälle, in denen er »seinen Geist blitzen lässt«, die Inszenierung habe auch Schwächen, die »man allerdings von seinen bissigen Miniaturen bisher auch nicht gewohnt war. Der Mangel an Präzision und Gestaltung.« Und: »Man meint Loriots Angst vor seinem eigenen Humor zu spüren, Angst womöglich auch, Flotow eine große Knollennase aufzusetzen, unter der er nicht mehr zu erkennen und zu hören ist. (...) So aber ging im Mangel an konzentrierter Personenführung und szenischer Kraft auch ein Teil der gelungenen Komik unter. Witze bestehen nicht nur aus Pointen, sondern vor allem aus der Dramaturgie bis zur Spitze. Wer wüßte das nicht, wenn nicht Loriot.«[122]

Dennoch wurde die Inszenierung auch an anderen Häusern immer mal wieder ins Programm genommen, ganz nach dem Motto: Mit dem Namen Loriot auf dem Plakat kann man nichts falsch machen und sicher auch den einen oder anderen Nicht-Opernfreund anlocken. So dachte man unter anderem in München seit 1997 im Theater am Gärtnerplatz, wo sie immer wieder im Spielplan auftauchte. Dabei hatte Vicco von Bülow dem inzwischen dorthin gewechselten Staatsintendanten Klaus Schultz nur die Kulissen angeboten, weil sie sonst vernichtet würden. Schultz aber nahm gleich die ganze Inszenierung.

Zwei Jahre später inszenierte Vicco von Bülow noch den *Freischütz* von Carl Maria von Weber. Wie schon bei *Martha* konnte er seine Vorliebe für ein bestimmtes Jahrhundert nicht verbergen und verlegte auch den *Freischütz* ins 19. Jahrhundert, obwohl beide Opern nicht in diesem spielen. Webers Werk zu inszenieren war zudem eine ungleich schwierigere Aufgabe, gilt die Oper doch mitunter als unaufführbar. Wieder zeichnete von Bülow für Regie, Bühnenbild und Kostüme verantwortlich. Die Oper hatte am 17. August 1988 bei den Ludwigsburger Schlossfestspielen Premiere. Die Resonanz auch diesmal: durchwachsen.

8. Die Spielfilme

Ödipussi

Als es am 14. September 1987 endlich losging, Drehbeginn, da mag auch Vicco von Bülow ein Stein von gewissem Umfang vom Herzen gefallen sein. Jahrelang hatte er davon gesprochen, dass er als Nächstes auch einen Film drehen möchte. Das begann spätestens mit dem Ende der Fernseharbeit 1979. Auch als er 1980 einige Sketche für das Politmagazin *Report* produzierte, verschickte seinerzeit – im Februar 1980 – der Südwestfunk eine Pressemitteilung zu diesen Sendebeiträgen und schloss damit, dass Loriot sich ansonsten seinem Filmprojekt widmen wolle. Insgesamt hatte es also mindestens zehn Jahre zwischen dem Wollen und dem Machen gedauert. Ein für Vicco von Bülow jedoch nicht unüblicher Zeitraum. Lieber mit Bedacht überlegt und vorbereitet, als nur der Kasse und des Ruhms willen einen Schnellschuss produzieren. Ein Spielfilm ist schließlich keine kleine Sache – seine Ideen ließen sich in seinen eigentlichen Metiers, dem Zeichnen und den Sketchen, rascher und vor allem auch kostengünstiger umsetzen. Dennoch war da dieser Wunsch ... Mit 64 Jahren nun begann er mit den Dreharbeiten, nicht ohne ausgiebig mit dem Terminus »Jungfilmer« zu kokettieren.

Entscheidend für das Zustandekommen des ersten (und wie Loriot da noch vermutete, auch einzigen) Kinofilms aus seiner Humor-Werkstatt war zu großen Teilen einer der bedeutendsten Filmmogule im Nachkriegsdeutschland: Horst Wendlandt. Der gewichtige Produzent und Vicco von Bülow waren sich erstmals 1977 bei einem gesellschaftlichen Anlass über den Weg gelaufen. Seinerzeit war Loriot in der Blüte seines Schaffens und seines Erfolgs, und es lagen bereits zahlreiche von Kritik und Publikum begeistert angenommene Sketch-Sendungen vor. Für Wendlandt war deshalb schon länger klar, dass er mit diesem Genie des Humors einen Film machen müsse. Der aber zierte sich charmant, wie es so seine Art war. Noch war das Fernsehen für ihn nicht ausgereizt.

»Ich habe ihn pro Jahr vielleicht drei Mal auf irgendwelchen Partys getroffen«, erzählte Wendlandt später, »und jedes Mal gesagt: ›Herr von Bülow, ich bin wieder da, wollen wir nicht mal einen Spielfilm machen?‹ Doch er hat das nicht ernst genommen und stets gesagt: ›Lassen Sie mich überlegen, ich rufe Sie an, wenn ich zu einem Ergebnis gekommen bin.‹ Das hat mich auf die Palme getrieben.«[123] Immer wieder trafen sich die beiden bei derlei Anlässen, immer wieder fragte Wendlandt nach und immer wieder lehnte von Bülow charmant, aber bestimmt ab. Obwohl er allmählich selbst mit dem Gedanken spielte – eben seit Ende der Fernseharbeit –, einen Spielfilm zu machen. Nur unter Druck setzen lassen wollte er sich nicht. Auch, oder gerade, von so einer überzeugenden Persönlichkeit wie Horst Wendlandt nicht.

Trotz seiner eigenen Ambitionen war in Ermangelung einer passenden Idee oder gar eines Drehbuches die offizielle Sprachregelung des Vicco von Bülow diese: Film sei nicht sein Medium und koste außerdem viel zu viel. Als ob einer wie Wendlandt das nicht selbst gewusst hätte. Und wie oft öffnete er bei den Begegnungen seine Brieftasche und fragte: »Wie viel wollen Sie haben?« Was Vicco von Bülow empört ablehnte, er wolle nicht das Geld fremder Leute verschwenden, ohne irgendetwas in der Hand zu haben, sprich ein Drehbuch oder wenigstens Exposé oder eine konkrete Idee. Loriot zumindest hatte seine Freude an der immer wiederkehrenden Szene.

Irgendwann reichte es dem Erfolgsproduzenten. Er machte Vicco von Bülow ein Angebot, das er nicht ablehnen konnte. Er solle ein Drehbuch schreiben – und dann würde man sehen. Vielleicht würde es ein Erfolg, ansonsten aber hätte man zumindest endlich mal zusammengearbeitet. Das gefiel dem adligen Umworbenen, war es doch eher seine Art zu verhandeln und zu arbeiten. Vicco von Bülow willigte ein. Denn so hatte er die konkrete Aussicht auf einen Film, war aber nicht gleichzeitig durch einen Vorschuss oder Erwartungen seitens des Produzenten unter Druck gesetzt. Denn unter Druck setzte er sich selbst schon genug. Den Druck, die hohen Erwartungen des Publikums nicht erfüllen zu können, weil das, was er bisher in seiner Arbeit gemacht hatte, einen sehr nachhaltigen Eindruck bei seinen Fans hinterlassen hatte und sie genau das von ihm erwarteten, er sich aber sicher war, dass diese Art von kurzem, trockenen Humor kein Opus in Spielfilmlänge tragen würde.[124]

Ein Jahr lang schrieb Vicco von Bülow am Drehbuch, es sollte um das gehen, was ihn schon immer fasziniert hatte: das

Verhältnis zwischen Mann und Frau. Ergebnis war die Geschichte eines 56 Jahre alten Muttersöhnchens mit Namen Paul Winkelmann. Der arbeitet im elterlichen Möbelgeschäft, überwacht von der Mutter Louise, 78, die sorgsam darauf achtet, dass er nur ja nicht zu viele eigene Ideen einbringt. Nicht ins Geschäft und schon gar nicht in sein Leben. Sie kümmert sich, bügelt seine Hemden, mischt sich gern überall ein, hält für alle Fälle sein Kinderzimmer bezugsbereit und nennt ihn nur »Pussi«. Sie ist »das fleischgewordene Über-Ich Loriots, das ihn bisher in allen seinen Sketchen als Benimm-Drill und Lebensregel-Schliff nur klein in klein knebelte und quälte, jetzt auf Lebenslänge geweitet und so ins Kinoformat vergrößert«, wie Hellmuth Karasek im Spiegel schwurbelte.[125]

Vicco von Bülow schrieb die Rolle des Paul Winkelmann seinem Loriot auf den Leib: Er ist verbindlich, etwas pedantisch, naiv und zerstreut. Sein Leben ändert sich erst, als die etwas spröde Psychologin Margarethe Tietze das Möbelgeschäft betritt, um eine Sitzgruppe für ihre Therapiegruppe zu kaufen. Es »begegnen sich zwei gleichsam Lebensbehinderte«, wie die *FAZ* schrieb. »Pussis ständiger Kampf mit der bockigen Objektwelt paart sich mit Margarethes ohnmächtigem Widerstand gegen zu eigenwillige Patienten. Sie sind wie füreinander geschaffen.«[126]

Zwischen beiden entspannt sich eine zarte Romanze. Die wird konterkariert von der Über-Mutter, aber letztlich setzen sich der Sohn und die Liebe durch – Happy End. Nach vielen komischen Filmszenen, wie sie eigentlich nur Loriot schaffen konnte. Die Figur des Muttersöhnchens passte dabei laut von Bülow zu den Inhalten seiner bisherigen Arbeit, denn der Ödipus sei schließlich auch nur ein Kommunikationsgestörter. Und das Aneinander-Vorbeireden und die Unfähigkeit, einander zu verstehen, war schon immer sein wesentliches Thema.

Vicco von Bülow schickte den Drehbuch-Entwurf an Horst Wendlandt, der antwortete nur ein paar Tage später: »Den Film machen wir genau so.«

Und bald schon ging es los.

Autor, Regisseur und Hauptdarsteller Vicco von Bülow hatte gute Leute um sich. Die Rolle der Margarethe Tietze übernahm natürlich Evelyn Hamann, dazu kam mit Xaver Schwarzenberger ein Kameramann und mit Rolf Zehetbauer ein Filmarchitekt aus der allerersten deutschen Liga. Gedreht wurde in den Münchner Bavaria-Sudios, in Berlin und Genua.

Horst Wendlandt und Vicco von Bülow mochten in ihrer Art grundverschieden sein, bei diesem Projekt ergänzten sie sich hervorragend. Denn Wendlandt gab von Bülow, was der am meisten brauchte und wovon beim Film für gewöhnlich nie genug da ist: Zeit. Beide verstanden sich bestens und der Unterschied ihrer beider Arbeitsweisen konnte sogar kreativ genutzt werden. Es mag hilfreich gewesen sein, dass auch Wendlandt ein gebürtiger Brandenburger war (aus Criewen bei Schwedt in der Uckermark) und nur knapp anderthalb Jahre älter. Beide waren also ähnlich preußisch sozialisiert, hatten Krisen und Kriege miterlebt und auch schon das Rentenalter erreicht.

Wendlandt gab also Zeit, und Zeit braucht Vicco von Bülow, um alles genau so zu machen, wie er es wollte. Und weder Wendlandt noch irgendjemand anderes im Team (Evelyn Hamann einmal ausgenommen) konnte sich daran erinnern, dass jemals jemand derart penibel und exakt gearbeitet hätte. »Er hat runde Schnürsenkel in eckige umgetauscht«, wunderte sich Horst Wendlandt, der doch auch schon so einiges erlebt hatte. Aber das war ihm neu. Jede Szene wurde immer und immer wieder gedreht, bis Vicco von Bülow endlich zufrieden war. Damit sorgte er bei den Filmleuten für Verwirrung, nicht wenige beschwerten sich über den skurrilen und überaus strengen Regisseur. Ohne Erfolg, denn Wendlandt stand bedingungslos hinter seinem Schützling. Einer der vielen, der nicht mit ihm klarkam, war Standfotograf Wolfgang Jahnke, dem es auch nichts half, dass er Wendlandts Neffe ist. Wahnsinnige Schwierigkeiten habe er mit von Bülow gehabt, alles brauchte so viel Zeit. Sollte ein Foto antik aussehen, musste er es stundenlang gilben, bis es genehm war – und dann schwenkte die Kamera einmal kurz darüber.

Einzig der Impulsivste im Team, Produzent Horst Wendlandt, blieb äußerlich gelassen. Auch der wichtigste Mitarbeiter des Regisseurs, der Kameramann, blieb nicht vom Gebot des Perfektionismus verschont. Vicco von Bülow ging Xaver Schwarzenberger extrem auf die Nerven, weil er fast jede Einstellung bis zu 30 Mal drehen muss. Qualvoll.

Schlimmer als Schwarzenberger traf es allerdings den für die Bauten zuständigen Rolf Zehetbauer. Der war nun wahrlich kein Anfänger, hatte für das Szenenbild von *Cabaret* mit Liza Minelli 1973 sogar einen Oscar abgeräumt und stattete danach viele deutsche Großproduktionen aus, die auch international Furore machten, wie *Das Boot* und *Die unendliche Geschichte*. Gerade bei Letzterer mit einem gigantischen Budget und einer Häufung großer Probleme, fand er immer eine Lösung. Es war sein Meisterstück. Diesmal scheiterte er aber an einer Aufgabe, die offenbar härter war als alles bislang Dagewesene: Er musste Vicco von Bülow zufriedenstellen.

Eines Tages kam Produzent Wendlandt vormittags zum Set in München und wunderte sich. Denn erst für zwölf Uhr war für diesen Tag der Beginn der Dreharbeiten anberaumt worden. Echte Zeitverschwendung. Wofür? Vicco von Bülow war seit acht Uhr morgens damit beschäftigt, die Requisiten umzusortieren, teilweise minimal und für das ungeübte Auge unmerklich. Der perfektionistische Regisseur schob Zehetbauer die Schuld zu, an dem liege es, dass man nicht früher zum Drehen komme. Wendlandts Tochter Susi Nielebock, in dieser Produktion für das Skript zuständig, antwortete harsch: »An dem liegt es sicher nicht. Das liegt an Ihnen, Vicco, weil Sie nicht zu Potte kommen.«[127] Der Produzent griff endlich ein. Von da an wurde pünktlich um elf Uhr mit dem Dreh begonnen, bis dahin hatte von Bülow Zeit, all das umzudekorieren, was er umdekorieren wollte. Bei Susi Nielebock entschuldigte er sich mit einem Blumenstrauß.

Zehetbauer aber war bald mit den Nerven am Ende. Wendlandt redete ihm gut zu, riet zur Aussprache. Schließlich, nach einem dreistündigen Gespräch mit von Bülow, zog Zehetbauer die Arbeit durch. Zu einem großen Fest auf Wendlandts Gut Rothsee nach Ende der Dreharbeiten aber wurde er nicht eingeladen, um den verehrten Regisseur nicht zu verstören.

Dennoch: In der Rekordzeit von nur 48 Tagen war man fertig. So konnte bereits ein halbes Jahr nach Drehbeginn Premiere gefeiert werden. Eine Premiere im doppelten Sinn. Fand sie doch zeitgleich in zwei unterschiedlichen Staaten, in zwei unterschiedlichen politischen Systemen statt: in der der BRD und in der DDR. Und doch in der gleichen Stadt. Ein Jahr, bevor die Mauer fallen würde, war dies spektakulär. Und es war ein Privileg, dass das Honecker-Regime nicht vielen gewährte. Irgendwie schien man bemerkt zu haben, dass Vicco von Bülow stets um Ausgleich bemüht war.

Um 17 Uhr begann die Vorführung vor 1000 Zuschauern im Ostberliner Kino Kosmos in der Karl-Marx-Allee, um 21 Uhr im Westberliner Gloria am Kurfürstendamm. Der gleiche Film. In beiden Teilen der Stadt. Zum ersten Mal seit 1947. Zum ersten Mal im geteilten Deutschland. Aus heutiger Sicht vielleicht ein Baustein zu dem, was sich schon Monate später ereignen sollte. Man war sich in beiden Republiken der Tragweite bewusst. 15 Fernsehsender berichteten über die Premiere, in *Kennzeichen D*, in den *Tagesthemen* oder im *heute-journal* genauso wie in der *Aktuellen Kamera*. Vicco von Bülow war bei beiden Vorführungen mit dabei. Im Osten wurde er wie ein Bote aus einer anderen Welt empfangen. Und Loriot selbst war ganz besonders von der Idee angetan, die deutsch-deutsche Trennung irgendwie zu unterminieren. Er war immer sehr erschüttert darüber, dass für die jungen Deutschen die Teilung ein ganz natürlicher Bestandteil ihres Lebens war und sie das akzeptierten.[128]

Auch viele DDR-Bürger, die keine Karte erhalten hatten, tummelten sich vor dem Kino, um ihn zu sehen, einen Blick, eine Geste zu erhaschen. »Die Tränen, die vor dem Kino in der östlichen Hälfte Berlins geweint wurden, hatten mit dem Film überhaupt nichts zu tun; sie liefen über die Gesichter alter Damen vor dem Kosmos in der Karl-Marx-Allee und galten (...) der Kultfigur Loriot«, beschrieb Günter Dahl im Stern das epochale Ereignis. »Man muß sich aufs Berlinische verstehen, um zu kapieren, was in den zwei Worten drinliegt, die ich einen Mann im Gehpelz zu seiner Frau vor dem Kino sagen hörte: ›Er isses.‹«[129]

Bei seiner Rede in Ostberlin sagte Loriot in seiner typischen Art: »Ich sehe, dass tausend Menschen schon am frühen Nachmittag ihre Arbeit am Aufbau der sozialistischen Gesellschaft unterbrochen haben. Dass mir das nicht einreißt!«[130] DDR-Vize-Kulturminister Horst Pehnert rang sich ein Lächeln ab. Vier Stunden später hielt Loriot auch im Westen eine kleine Rede. *Stern*-Autor Günter Dahl hatte die Möglichkeit, beide Premieren mitzuerleben, und stellte dabei deutliche Unterschiede im Humor der noch getrennten Deutschen fest. »Im

Westen lachen wir uns kaputt über die Absurdität des Rollenspiels während einer psychotherapeutischen Gruppensitzung. Im Osten wissen die Leute gar nicht, was das ist. Lachen sie trotzdem, dann nicht über den Inhalt, sondern über die Komik des Äußerlichen. (...) Was uns im Westen kichern, prusten oder vor Schadenfreude wiehern lässt, hängt mit unserem Konsumverhalten zusammen. Wir haben ja alles – schon daraus erwächst Komik bis zum Totlachen. Drüben haben sie eben nicht alles. Die Komik aus der Identifikation heraus fällt also schon mal weg. Wenn trotzdem 85 Minuten lang gesamtdeutsch gelacht wird, spricht alles für ein gelungenes Vergnügen und für Loriot.«[131]

Was die Crew 48 Tage lang schier in den Wahnsinn getrieben hatte, lohnte sich also für den Zuschauer. »Loriot ist ein offenbar glänzender Schauspielführer«, urteilte die *Zeit* angetan, »jede kleinste falsche Betonung wird da zum Knallgag – bei Loriot spricht ein jeder seinen ›Soziolekt‹, sein berufs- und menschenspezifisches Nebenbei, das Unterbetonen, das Ehrpusselige im Banalen, das Auftrumpfen noch beim Fadesten, dieser geballte Ernst bei Nichtigkeiten, lauter Studien von großer Zartheit und seliger Zärtlichkeit.« Der Film sei gut gelungen, mit kleinen, aber verzeihbaren Schwächen. »Bei aller Schönheit der Augenblicke, beim wilden Spaß am zahmen Fauxpas – ein klein wenig unausgefüllt verläßt man dann dennoch das Kino. Die herrlichsten Miniaturen, mit dem Silbergriffel gestichelt, sind eben doch kein Gemälde. (...) Aber schön war es doch, wunderschön.«[132]

Auch Hellmuth Karasek wirkte fast erschrocken über Loriots treffende Charaktere: »Loriots trauriger Menschenansammlung in *Ödipussi* möchte man nicht außerhalb des Kinos begegnen, obwohl all die tiefverstörten Kümmerlinge und Trauergurken aus dem Leben gegriffen zu sein scheinen, in dem sich zwischen den Leuten ja auch meist nichts mehr abspielt. Das Alter, das sich wie ein Mehltau auf den Menschen abgelagert hat, eine feine melancholische Staubschicht, kommt erschwerend hinzu.«[133] Die *FAZ* bemängelte jedoch, dass der zugegebenermaßen noch nicht erfahrene Regisseur das Ganze etwas bieder umgesetzt hätte. Dennoch: Den Leuten würde es gefallen.

Damit lag der Autor richtig, der Film sollte vielen gefallen. Das Publikum war begeistert. Insgesamt 4,6 Millionen Zuschauer bedeuteten einen großen Erfolg und eine »Goldene Leinwand«. Die Kosten von 7,5 Millionen Mark wurden auch ohne Zuschüsse, auf die Wendlandt verzichtet hatte, wieder eingespielt. Und Vicco von Bülow wehrte vorsorglich kurz vor dem Kinostart schon mal alles voreilige Begehren nach einem zweiten Spielfilm ab. Ihm war bewusst, dass Filmemachen viel Geld, Zeit und Nerven kostete, ebenso wie die Tatsache, dass er selbst sich schon im besten Seniorenalter befand und ihm unter Umständen nicht mehr allzu viel Zeit blieb. Dass es letztendlich noch mehr als ein Vierteljahrhundert dauern sollte, bis er in hohem Alter von dieser Welt ging, konnte man so exakt natürlich nicht vorhersehen.[134]

PAPPA ANTE PORTAS

Eigentlich sollte es das gewesen sein. Vicco von Bülow hatte seinen Spielfilm gedreht, ein weiterer sollte nicht folgen. Dass es anders kam, war letztlich wohl einem verhängnisvollen Abendessen des Ehepaars von Bülow mit Produzent Horst Wendlandt im Münchner Nobelrestaurant Tantris zu verdanken. Auch Romi von Bülow war dagegen, das wusste Vicco und er verließ sich mit der Erfahrung aus 40 Ehejahren auf ihr Nein. Als Wendlandt zum Punkt kam und jovial meinte: »Komm, mach doch noch einen«, da konnte Vicco geschickt seine Finte hervorholen: Er wollte, dass Wendlandt das mit Romi direkt klärte. Er wusste ja, dass sie sehr überzeugend sein konnte. Für den Produzenten war das allerdings kein Stopp-, sondern ein Startsignal. Den ganzen Abend lang redete er auf die bedauernswerte Romi ein, die am Ende schließlich kapitulierte und zusagte. Loriot hatte wohl tatsächlich gehofft, dass Wendlandt an Romis Widerstand scheitern würde. Stattdessen hatte Wendlandt sie geknackt und Loriot hatte keinen Vorwand mehr, Wendlandt eine Absage zu geben.«[135]

Wie schon beim ersten Film dachte Vicco von Bülow an die Menschen und Fans im Osten Deutschlands, seiner alten Heimat. Eine doppelte Premiere sollte diesmal nicht nötig sein, das Land war inzwischen (beinahe) wiedervereinigt. Aber als so ziemlich die ersten westdeutschen Filmemacher entschlossen sich Vicco von Bülow und Horst Wendlandt, in den DEFA-Studios von Potsdam-Babelsberg zu drehen. Auch Außenaufnahmen entstanden im für viele Westler noch reichlich unheimlichen Osten, im malerischen Ostseebad Ahlbeck auf der Insel Usedom. Am 30. Juli 1990 begannen die Dreharbeiten zu *Pappa ante portas*. Zehn Monate lang hatte Vicco von Bülow am Drehbuch geschrieben, er hatte also noch vor dem Mauerfall am 9. November 1989 damit begonnen.

Die Geschichte ist wie vieles von Loriot längst Legende. Der 60 Jahre alte Heinrich Lohse wird frühpensioniert, nachdem er in seiner Firma, der Deutschen Röhren AG, einiges Durcheinander angerichtet hatte. Etwa durch den Kauf von 500 000 Bögen Schreibmaschinenpapier für rund 40 Jahre und Radiergummis in ebenso aberwitziger (aber pro Stück gerechnet sparsamer) Anzahl. Nach 37 Jahren ist er nun plötzlich zu Hause. Jeden Tag. Und nervt damit Ehefrau Renate und Sohn Dieter, die sich im Leben mit dem nur temporär anwesenden Gatten/Vater sehr kommod eingerichtet hatten. Für die *Zeit* war das gar die Szenerie eines ganz anderen Genres: »Es ist ein Horrorfilm! Die Kamera fährt durch die verlassene Villa der Familie Lohse: Ein Fremder schleicht sich ein! Ein Lustmörder? Ein böser Geist? In der guten Stube erschrickt Frau Lohse zu Tode. Aber es ist nur Pappa. ›Ich wohne hier‹, entschuldigt er sich. Sagt seine Frau: ›Aber doch nicht jetzt! Um diese Zeit!‹«[136]

Fortan bringt Heinrich Lohse nicht mehr die Firma, in der er nach Meinung seiner Gattin bestens aufgehoben war, sondern den Haushalt auf Touren. 150 Gläser Senf bedeuten eine enorme Ersparnis und auch Hausierer können ihn mit Abos für Wurzelbürsten und Ähnlichem überzeugen. Er erklärt der soliden Reinemachekraft Frau Kleinert, wie sie künftig zu putzen hat, und lädt ein Fernsehteam ein, das eine Serie in der Villa Lohse drehen will. Mit fatalen und grotesken Folgen.

Schließlich schickt die entnervte Renate ihren Heinrich in den Keller, wo er in Ruhe (oder auch mal laut) dem Modellbau nachgehen könne. »Sind hier denn überall in den Kellern Herren im Ruhestand?«, fragt er bedrückt. Er möchte lieber wieder nach oben. Der »Horrorfilm« wird zu einer schwarzen Dokumentation über das Leben in den besseren Vierteln. Eine ernsthafte Familienkrise entwickelt sich und kulminiert komisch, bevor ein Ausflug an die Ostsee, wo der 80. Geburtstag von Renates Mutter gefeiert wird, den Eheleuten klarmacht, dass sie sich doch auch irgendwie lieben.

Nicht mehr dabei waren Xaver Schwarzenberger und Rolf Zehetbauer, was nach den aufreibenden Querelen um *Ödipussi* nicht wundert. Dafür aber glänzten natürlich wieder Evelyn Hamann als genervte Gattin Renate Lohse und eine ganze Riege großer deutscher Schauspieler. Zum Beispiel machte Irm Hermann in ihrer Rolle als Schwägerin von Renate Lohse auch ihre Erfahrungen mit dem Perfektionismus. »Dabei war Loriot nicht leicht zufriedenzustellen. Er hat ein feines Ohr für falsche Töne und ein untrügliches Gespür dafür, wie man Pointen richtig setzt.« Sie beschrieb eine Filmszene mit Evelyn Hamann, mit der sie ein heruntergefallenes Handtäschchen suchen soll. »Dabei kommt es zu einem Disput zwischen uns, und ich sollte sagen: ›Nein, wie ordinär!‹ Man glaubt nicht, wie viele Variationen und Nuancen es gibt, diese drei Worte auszusprechen. Wie ich es auch anstellte, es gefiel Loriot nicht. Wir probten und drehten die Szene unter dem Tisch an die 30 Mal. Ich war schier verzweifelt.«[137]

Die *Zeit* zumindest war mit dem Ergebnis zufrieden. »Manchmal reiht *Pappa ante portas* in allzu lockerer Folge Loriot-typisches Material aneinander; auch wenn es uns wirklich entzückt, dass Loriot der Situation ›Pärchen spielt in Restaurant mit Lebensmitteln‹ immer noch neue Varianten abgewinnen kann.«[138] Und die *FAZ* schloss: »Loriots neuer Film zieht eine Summe seiner Komik«, man könnte also folgern, er ist gleichermaßen ein runder Abschluss eines Lebenswerks, ein »Best of«, wenn man Worte benutzen wollte, die ein Vicco von Bülow immer verabscheut hat.

Sehr ungnädig war diesmal der *Spiegel*, der Loriots zweites Opus auf Spielfilmlänge gnadenlos verriss: »Nichts ist ihm dabei entsprungen als ein Rudel zahnloser Witzchen, ein Rinnsal seniler Sketche in einer ungelenken Story. Dieser realitätsferne, altdeutsche Spießer Lohse ist nicht komisch, er ist bloß lächerlich.« Der Autor sah gar den Ruf der national führenden Humorproduzenten beschädigt: »Im Kino, dem artfremden Medium, demolieren Deutschlands Fernseh-Humoristen ihr komisches Renommee – dem ostfriesischen Plattfisch Otto folgt nun der emeritierte preußische Spaßadler.«[139]

Erfolgreich war der Film trotzdem. Über 3,5 Millionen Besucher sorgen für eine weitere »Goldene Leinwand« und für finanziellen Erfolg. Auch viele weitere geflügelte Worte fürs

Zitate-Lexikon des Volkes wurden in diesem Film geprägt (»Frauen haben auch ihr Gutes«, »Krawehl, Krawehl«). Dennoch beschlich manchen die Wehmut, denn es war dies nun wirklich das letzte große Werk des nunmehr 69 Jahre alten Vicco von Bülow.

9. Der unruhige Ruhestand

Der Ring an einem Abend

1992 kreuzten sich wieder einmal die Wege von Loriot und Klaus Schultz, mittlerweile Intendant am Mannheimer Staatstheater. Beide hatten sich schon knapp zehn Jahre vorher einmal angeregt darüber unterhalten, wie schade es doch sei, dass wegen der Länge und der Komplexität des Wagner'schen *Ring des Nibelungen* die Schönheit dieser vier Werke sich schwer dem nur mittelmäßig opernbegeisterten Bürger vermitteln ließe. Vicco von Bülow meinte, es müsse doch möglich sein, das Ganze an einem Abend zu erzählen. Schultz wusste nicht genau, ob das ernst gemeint war. In jedem Fall wurde die Diskussion nicht weiter vertieft.

Als er nun seine erste Spielzeit in Mannheim vorbereitete, fiel ihm auf, dass das Ensemble alle vier Teile des Rings bereits aufgeführt hatte und beherrschte. Da fiel ihm der launige Gedanke seines Freundes wieder ein. Wenn das doch ernst gemeint war, hatte er hier die allerbesten Voraussetzungen. Schultz fragte nach und begegnete grenzenloser Begeisterung. Man plante, ein an einem Abend aufführbares Werk zu kreieren, in dem alles Wesentliche aus den vier großen Teilen enthalten war. Sechs Monate arbeitete Vicco von Bülow an der »Zusammenfassung« des *Rings*. Was entstand, war ein Text, der liebevoll und durchaus auf das Komische achtend das Edle des *Rings* bewahrte – nun aber leichter und vor allem schneller aufnehmbar.

Der »Ring an einem Abend« war geboren und nach der Premiere in Mannheim erlebte dieses Stück noch viele weitere Aufführungen in der ganzen Republik. Damit war Vicco von Bülow in den folgenden Jahren ebenso gut ausgelastet wie mit den regelmäßigen Lesungen eines Briefwechsels zwischen Friedrich dem Großen und Voltaire. Die Rolle des Letzteren übernahm dabei Walter Jens. Im Januar 1996 las er zudem Thomas Mann im jüdischen Gemeindezentrum in Frankfurt. Im gleichen Jahr führte er *Peter und der Wolf* wieder auf, auch *Martha* fand immer mal wieder neues Interesse. 1997 sendete die ARD in 14 Folgen à 25 Minuten das Beste aus seinen Sketchen, wofür Vicco von Bülow selbst die Auswahl und Neuordnung übernahm. Er verzichtete dabei auf aus der Zeit gefallene Sketche wie die Politikerparodien und moderierte die Sendungen selbst neu an. Für Stefan Neumann, der Loriot in seiner Dissertation würdigte, sind jene 14 Folgen »auch als eine Art Vermächtnis der Fernseharbeit zu werten.«[140]

Insgesamt war er des mittlerweile durch unzählige Privatsender »bereicherten« Mediums überdrüssig geworden. In einem Interview mit der Zeitschrift *Gala* erklärte er 1997, er wäre die Schnelllebigkeit und Oberflächlichkeit der Unterhaltungsbranche leid. Vor allem gegen das Fernsehen ereiferte er sich – die mittlerweile üblichen Werbeunterbrechungen und eingespielten Filmtrailer raubten ihm den letzten Nerv. Das Thema Fernsehen war für ihn beendet.[141]

Dafür war er in der Musik umso aktiver. Neben seinen noch immer und immer wieder gespielten Arbeiten kümmerte er sich ab 1999 auch noch um einen ausführlichen Begleittext zu Leonard Bernsteins Musical *Candide*. Die dazugehörende Version wurde am 27. Mai 1999 im Prinzregententheater in München uraufgeführt. Im Anschluss tourte er damit durch ganz Deutschland. Am 5. März desselben Jahres bekam er obendrein sein zweites Bundesverdienstkreuz überreicht – das Große Verdienstkreuz mit Stern. Der damalige Bayerische Ministerpräsident Edmund Stoiber erklärte, warum die Wahl auf Vicco von Bülow gefallen war: »Sie sind von tiefer Humanität geprägt. Mit Ihrer Meisterschaft, den Alltäglichkeiten überraschende Pointen zu entlocken, haben Sie bleibende Maßstäbe gesetzt für künstlerisches Niveau und für die Qualität von Unterhaltung in Deutschland.«[142]

Dr. Loriot und andere Preise

Doch beim Bundesverdienstkreuz allein sollte es nicht bleiben. Vicco von Bülow wurde Ehrenbürger von Brandenburg an der Havel und der Gemeinde Münsing, zu der seine Wahlheimat Ammerland gehört. Eine der zahlreichen Auszeichnungen stach jedoch heraus, denn im Juni 2001 wurde aus Loriot nun Dr. Loriot. Die Bergische Universität Wuppertal wollte ihm den Ehrendoktortitel verleihen, die Stadt, die durch einen seiner Sketche (»... und der Papst eröffnet mit meiner Tochter eine Herrenboutique in Wuppertal ...«) berühmt wurde und wo Stefan Neumann im Jahr zuvor mit seiner 500-Seiten-Dissertation über Loriot ebenfalls zum Doktor wurde.

Folgende Pressemitteilung wurde verfasst: »Für sein herausragendes künstlerisches Werk erhält Vicco von Bülow alias Loriot die Ehrendoktorwürde des Fachbereichs Sprach- und Literaturwissenschaften der Bergischen Universität Wuppertal. Damit werde sein großer Beitrag zu einer gehobenen Medienkultur, seine erfolgreichen Bemühungen, Bildende Kunst, Musik und Literatur einem modernen Publikum mit Humor und Ironie zu vermitteln, seine frappierende Vielseitigkeit und gesellschaftskritische Scharfsicht gewürdigt, heißt es in der Begründung für die akademische Ehrung. Die Verleihung der Ehrendoktorwürde an den 77-jährigen, in Bayern lebenden Künstler findet am 22. Juni in Wuppertal statt. Die Laudatio wird der Literaturwissenschaftler Professor Dr. Heinz Rölleke halten.«[143]

Und jener Professor Rölleke war angetan. Er zeigte sich vor allem beeindruckt, wie viele von Loriots Redewendungen es bereits in das Vokabular des gemeinen Volkes geschafft haben: »Man kann es durch Jahrhunderte der Sprachgeschichte beobachten, wie schwierig es ist und wie selten es gelingt, daß bestimmte Wendungen für einige Zeit oder überdauernd in den allgemeinen Sprachschatz gelangen. In jüngerer Zeit scheint das etwa beim ›Schau'n mer mal‹ einer sonst nicht wegen ihrer Sprachkunst bekannten Lichtgestalt der Gegenwart der Fall zu sein. Loriotsche Sprachprägungen dieser Art kann man wohl viele nachweisen.«[144]

Vicco von Bülow zeigte deutliche Spuren der Berührtheit ob der akademischen Ehren. Und wie immer blieb er bescheiden und verlieh seiner tiefen Hoffnung Ausdruck, dass er dieser Art von Ehrung auch würdig sei, die ihm keinesfalls als selbstverständlich erschien.[145]

Eine letzte berufliche Herausforderung trat Vicco von Bülow im Alter von 80 Jahren an. Zu Jahresbeginn 2004 folgte er dem Ruf der Hochschule der Künste in Berlin und lehrte dort fortan als Honorarprofessor. Natürlich hielt er vorher eine Antrittsrede, zu der selbst an einem Freitagabend um acht das Auditorium brechend voll war und sich die Studenten, allesamt eigentlich nicht mehr sein Publikum, am Humor des Altmeisters erfreuten. Er äußerte sich über Vor- und Nachteile des Seniorentums an Universitäten und darüber, wie Vergesslichkeit im Allgemeinen und vergessene Namen, Titel und Bezeichnungen im Besonderen das Miteinander in der Lehrveranstaltung befruchten könnten.[146]

2006 folgte dann ein weiteres Vermächtnis. Auf 752 Seiten versammelte Vicco von Bülow gemeinsam mit Verleger Daniel Keel die besten seiner Texte, auch aus den Fernsehsketchen, zusammen mit etwas neuem Material. *Gesammelte Prosa* heißt das Werk so schlicht wie nur möglich. Die ultimative Loriot-Bibel war erschienen. Es sollte nicht ums Geld gehen, sondern einfach ein schönes Buch werden. Überhaupt bemängelte er mit ironischem Lächeln, dass er in einem Alter sei, in dem niemand mehr wage, ihm noch Geld für etwas anzubieten. Und wenn doch, dann sage er mit preußischem Stolz und Qualitätsdenken schon mal gern Nein. Er bekam sogar ein verlockendes Angebot einer großen Firma für einige seiner

Frühwerke – angeblich in Millionenhöhe. Selbstverständlich lehnte er auch dieses ab und wollte sich lieber selbst treu bleiben.[147]

In der ZDF-Show *Unsere Besten* wurde er 2007 zum besten deutschen Komiker aller Zeiten gekürt, im selben Jahr erschien der zweite Teil seines Vermächtnisses: fast alle Loriot-Szenen aus dem Fernsehen gedrängt auf sechs DVDs. Titel: *Loriot. Die vollständige Fernseh-Edition*. Zwölf Stunden Loriot in Schwarz-Weiß und Farbe, im Trickfilm und im Realsketch. Zwei weitere Jahre später, am 24. April 2009, erhielt er von der Deutschen Filmakademie eine Ehren-Lola für sein Lebenswerk. Ende 2009 zeigte das Bonner »Haus der Geschichte« monatelang mit der Ausstellung *Loriot. Die Hommage* Einblicke in Leben und Werk des herausragenden Komikers der Nation. Seit 2010 hatte er einen Stern auf dem Berliner »Boulevard der Stars«, der etwas hausbackenen deutschen Version des »Walk of Fame« in Hollywood. In typischer Loriot-Manier kommentierte er die Häufigkeit der Auszeichnungen, indem er sie auf sein fortgeschrittenes Alter zurückführte. Diejenigen, die die Preise verliehen, würden wohl einen gewissen Zeitdruck empfinden, alles noch rechtzeitig verleihen zu können.[148]

Ein wohlformulierter Satz, leise gesprochen mit angenehmem Timbre in der Stimme und einem sanften ironischen Lächeln dazu. So wird man sich an ihn erinnern.

10. Das Werkverzeichnis

Quellen: www.loriot.de, www.filmportal.de

Bücher

Wenn nicht anders angegeben, sind die Bücher im Diogenes Verlag Zürich erschienen.

1954 *Reinhold das Nashorn*
1954 *Auf den Hund gekommen. 44 lieblose Zeichnungen*
1955 *Unentbehrlicher Ratgeber für das Benehmen in feiner Gesellschaft*
1956 *Wie wird man reich, schlank und prominent?* (Verlag Bärmeier und Nikel, Frankfurt)
1957 *Wie gewinnt man eine Wahl? Ein erschöpfender Leitfaden für Wähler und Politiker aller Parteien* (Verlag Bärmeier und Nikel, Frankfurt)
1957 *Die perfekte Hausfrau. Unbezahlbare Ratschläge für Hausfrauen und solche, die es werden müssen* (Texte von Elinor Goulding Smith)
1957 *Der gute Ton. Das Handbuch der feinen Lebensart in Wort und Bild*
1958 *München. Ein Führer durch die Stadt* (Texte von Siegfried Sommer)
1958 *Der Weg zum Erfolg. Ein erschöpfender Ratgeber in Wort und Bild*
1959 *Wahre Geschichten erlogen von Loriot*

1960 *Für den Fall … Der neuzeitliche Helfer in schwierigen Lebenslagen*
1962 *Umgang mit Tieren. Das einzige Nachschlagewerk seiner Art in Wort und Bild*
1962 *Nimm's leicht. Eine ebenso ernsthafte wie nützliche Betrachtung in Wort und Bild*
1963 *Bonn für Anfänger. Die deutsche Bundeshauptstadt zwischen Monumentalität, Idylle und wohltemperierter Ironie* (Texte von Walter Henkels)
1964 *Der gute Geschmack*
1966 *Kleines Hustenbrevier* (Dr. Thiemann GmbH, Lünen/ Westfalen)
1966 *Neue Lebenskunst in Wort und Bild*
1968 *Kinder für Anfänger* (Texte von Reinhart Lempp)
1968 *Loriots Großer Ratgeber*
1970 *Loriots Tagebuch*
1971 *Loriots bewegte Botschaften, Serie I und II*
1971 *Loriots kleine Prosa*
1972 *Loriots Daumenkino. Bewegte Botschaften*
1973 *Eltern für Anfänger* (Texte von Reinhart Lempp)
1973 *Loriots Heile Welt, Neue gesammelte Texte und Zeichnungen, dazu Loriots Telecabinet*
1974 *Loriots kleiner Ratgeber*
1974 *Menschen, die man nicht vergisst. 18 beispielhafte Bildergeschichten*
1975 *Loriots praktische Winke* (Eulenspiegel Verlag Berlin, DDR)
1975 *Herzliche Glückwünsche. Ein umweltfreundliches Erzeugnis*

10. Das Werkverzeichnis

1977 *Das dicke Loriot-Buch* (Eulenspiegel Verlag Berlin, DDR)

1977 *Loriots Wum und Wendelin. Worte und Taten von Deutschlands populärstem Hund und seinem lieben Freunde*

1978 *Loriots Kommentare zu Politik, Kriminalistik, Wirtschaft, Kultur, Modernem Leben, Männer und Sport sowie Tier- und Frauenwelt*

1978 Loriots Großes Tagebuch

1979 *Wum und Wendelin erzählen Euch was*

1980 *Loriots Mini-Ratgeber*

1981 *Loriots ganz kleine heile Welt*

1981 *Loriots dramatische Werke. Texte und Bilder aus sämtlichen TV-Sehsendungen seit Loriots Telecabinet*

1982 *Die Ehe für Anfängerinnen* (Texte von Hans Gmür)

1983 *Loriots Gesammelte Werke in vier Bänden in Kassette*

1983 *Möpse & Menschen. Eine Art Biographie*

1986 *Loriots kleines Tierleben von B bis Z*

1986 *Szenen einer Ehe*

1987 *Loriots kleines Buch der Katastrophen*

1988 *Loriot* (Herausgegeben von der Wilhelm-Busch-Gesellschaft e. V., Hannover, Hatje Verlag, Stuttgart)

1988 *Loriots Ödipussi*

1991 *Pappa ante portas*

1993 *Sehr verehrte Damen und Herren ... Reden und Ähnliches*

1993 *Loriot. Mit einem Vorwort von Patrick Süskind und einem Nachwort von Loriot*

1997 *Herren im Bad und sechs andere dramatische Geschichten*
1998 *Das große Loriot Buch. Gesammelte Geschichten in Wort und Bild*
1998 *Große Deutsche: Neun Porträts*
1998 *Enkel für Anfänger* (Texte von Reinhart Lempp)
2003 *Loriot und die Künste. Eine Chronik unerhörter Begebenheiten aus dem Leben des Vicco von Bülow zu seinem 80. Geburtstag*
2006 *Männer und Frauen passen einfach nicht zusammen*

TONTRÄGER

Peter und der Wolf / Der Karneval der Tiere

Inhalt: Peter und der Wolf op. 67: ein musikalisches Märchen von Sergej Prokofieff (1891–1953), Orchester: English Chamber Orchestra unter der Leitung von Daniel Barenboim/Der Karneval der Tiere: von Camille Saint-Saëns (1835–1921), Orchester: London Symphony Orchestra unter der Leitung von Skitch Henderson, Klavier: Julius Katchen/Gary Graffman, Violincello: Kenneth Heath, Text und Erzähler: Loriot

Wilhelm Busch: Max und Moritz, Die fromme Helene

Inhalt: Max und Moritz: Eine Bubengeschichte in sieben Streichen, Die fromme Helene: Lenchen kommt aufs Land, Des Onkels Nachthemd, Vetter Franz, Der Frosch, Der Liebesbrief,

Eine unruhige Nacht, Der Heiratsentschluß, Geistlicher Rat, Die Wallfahrt, Die Zwillinge, Ein treuloser Hund, Die Reue, Versuchung und Ende, Triumph des Bösen / Sprecher(in): Loriot (Max und Moritz), Evelyn Hamann (Die fromme Helene)

Loriot liest Thomas Mann

Inhalt: Das Eisenbahnunglück, Der Theaterbesuch aus *Bekenntnisse des Hochstaplers Felix Krull*, Die Ankunft aus *Lotte in Weimar*, Soviel von Schafen aus *Herr und Hund* / Sprecher: Loriot

Ring des Nibelungen

Inhalt: Loriot erzählt Richard Wagners *Ring des Nibelungen* am Beispiel der Aufnahme von Herbert von Karajan und den Berlinern Philharmonikern / CD1: Das Rheingold, Die Wallküre / CD2: Siegfried, Götterdämmerung

Wo es um Freundschaft geht

Inhalt: aus dem Briefwechsel Friedrich der Große – Voltaire / Sprecher: Loriot (Friedrich) und Walter Jens (Voltaire)

Loriots Liebesbriefe, Kochrezepte und andere Katastrophen

Inhalt: Liebesbriefe: Heiratsantrag eines Filmschauspielers, Liebesbrief an einen Beamten, Brief eines Ehemanns an den

Verehrer der Gattin, Zusagende Antwort an einen Bundeskanzler, Brief eines Astronauten an die ferne Geliebte, Abschlägige Antwort an einen Lustmörder / Kochrezepte: Nilpferd in Burgunder, Elefanten-Crème, Hasenschwanz à la Meyer, Bauernomelette, Dackel im Schlafrock, Zimtsterne, Backobst mit Gürteltierklößen, Jäger im Reisrand, Sau-Spießchen/Verbrauchertipps: Das Gesundheitsmagazin, Neues aus Wissenschaft und Forschung, Kultur und Gesellschaft, Waschmittelwerbung/Tagesthemen: Meldungen in Schlagzeilen, Verkehrsnachrichten, Und nun hat der Sport das Wort, Die Ziehung der Lottozahlen, Das Wort zum Sonntag/Oper: An der Opernkasse, Bayreuther Pausengespräch / Biographisches: Erste Liebe, Hasch, Das Männchen

Loriots Festival

Inhalt: Dramatische Werke, Liebesbriefe, Heile Welt / Sprecher: Loriot und Evelyn Hamann

Loriots Dramatische Werke. Ehe, Politik und andere Katastrophen

Inhalt: Fernsehabend, Herren im Bad, Garderobe, Aufbruch, Geigen und Trompeten, Die Jodelschule, Liebe im Büro, Frühstück und Politik, Der sprechende Hund, Schnittbohnen, Autofrei, Marzipankartoffel, Der K 2000, Der Jungfilmer, Inhaltsangabe, Politik und Fernsehen / Sprecher: Loriot und Evelyn Hamann

Loriots Klassiker

Inhalt: Die Bundestagsrede, Herren im Bad, Fernsehabend, Die Jodelschule, Der sprechende Hund, Garderobe, Aufbruch, Geigen und Trompeten, Marzipankartoffel, Advent, Der Lottogewinner, Der Astronaut, Inhaltsangabe, Der Kunstpfeifer, Literaturkritik, Schnittbohnen, Feierabend, Das Ei, Kochrezepte, Die Vereinssitzung aus *Ödipussi* / Sprecher: Loriot, Evelyn Hamann sowie Rosemarie Fendel, Erich Schwarz, Jörg Adae, Hans-Günther Martens, Udo Thomer, Heinz Meier

Loriots Heile Welt

Inhalt: Die Nudelkrise, Tagesmeldungen, Kleinsparer, Der neue 1500 TM, Der Astronaut, Farbfernsehen, Literaturkritik, Der Kunstpfeifer, Der Lottogewinner, Feierabend, Das Ei, Kaninchen, Sollen Hunde fernsehen?, Der Vampir, Die Bundestagsrede, Mondbewohner, Der Familienbenutzer, Advent/ Sprecher: Loriot und Evelyn Hamann

Fernsehen

05.02.1967 CARTOON 1 (Humor in der BRD; Selbstporträt)
30.05.1967 CARTOON 2 (Sollen Hunde fernsehen?)
30.11.1967 CARTOON 3 (Farbfernsehen)
14.01.1968 CARTOON 4 (Kaninchenplage)
09.06.1968 CARTOON 5 (Nudelkrise)
24.09.1968 CARTOON 6 (Deutschlandfrage)

23.12.1968	CARTOON 7 (Der Familienbenutzer, 1. Fassung)
23.03.1969	CARTOON 8 (Möpse am Pol; Das Schwein)
08.06.1969	CARTOON 9 (Die Volksdroge)
05.10.1969	CARTOON 10 (Mondgestein)
07.12.1969	CARTOON 11 (Advent)
10.03.1970	CARTOON 12 (Hasenbrüter)
01.07.1970	CARTOON 13 (Der Mistmacher; Otto Bollmann)
25.12.1970	CARTOON 14 (TV-Hightech-Anweisung; Der Pianist; Knabenchor)
01.03.1971	CARTOON 15 (Möpse auf dem Mond; Ziehung der Lottozahlen; Schnittbohnen)
18.07.1971	CARTOON 16 (Tagesschau; Interview Staatssekretär; Der Vampir)
12.09.1971	CARTOON 17 (XY Ungelöst; Beruferaten)
02.01.1972	CARTOON 18 (Blinder Autofahrer; Kammerkonzert Schloss Ludwigsburg; Der 7. Sinn; Bericht aus Bonn; Neujahrsempfang; Liebesgeschichte; Auf der Rennbahn; Der Astronaut)
08.03.1972	CARTOON 19 (Werbefernsehen mit Mainzelmännchen; Tierstunde: Der wilde Waldmops; Wünsch Dir was; Abendschau; Franz.-Sowj. Kulturaustausch; Kleinsparer; Showband)
18.07.1972	CARTOON 20 (Ludwig II.; Interview Geigendörfer; ZDF-Magazin; Löwenthal; Bundestagsrede, konservativ; Polarexpedition; Damholzer; Internationaler Frühschoppen; Deutsch für Ausländer; Der Kunstpfeifer)

10. Das Werkverzeichnis

25.12.1972 CARTOON 21 (Panorama mit Peter Merseburger; Marzipankartoffeln; Bundestagsrede, sozialistisch; Buchmesse/Fahrplan; Weihnachtskonzert)

13.11.1974 TELECABINET (Englische Königin; Benimmschule; Seifenkistenrennen; Beethoventrio; Operette)

08.03.1976 LORIOT I – Loriots Sauberer Bildschirm (Bananenschale; Der ideale Fernseher; Wir operieren selbst; Schweifträger; Plastologie; Tagesschau; Arbeiterinterview; Interview Helmut Schmidt; Interview Josef Ertl; Gran Paradiso; Filmanalyse; Lottogewinner)

18.10.1976 LORIOT II – Loriots Teleskizzen (Comedian Harmonists; Straßeninterview; Breitwand / Hundertmeterlauf; Zimmerverwüstung; Die Steinlaus/Prof. Grzimek; Die tote Maus; Anzugkauf; Polizei und Sicherheitsgurte; F. J. Strauß; Wehner; Im Restaurant / Schmeckt's?; Der Kunstpfeifer; Flötenkonzert)

16.05.1977 LORIOT III (Flughafenkontrolle; Die Nudel; Feuerwehr; Das Ei; Der Wähler fragt; Liebe im Büro; Feierabend; Monsterinterview; Fernsehabend; Sahnetorte)

07.11.1977 LORIOT IV (Der sprechende Hund; An der Opernkasse; Englische Inhaltsangabe; Das ist ihr Leben; Bettenkauf; Das Galadiner; Eheberatung)

15.06.1978	LORIOT V (Tintenfüller-Werbung; Flughafen Abtasten; Flugessen; Fluglandung; Fluggepäck; Herren in der Badewanne; Rouladenesser; Parkuhr; Mutters Klavier)
07.12.1978	LORIOT VI (Ansage Evelyn Hamann: »Weihnachten im August«, Salamo-Konzert; Jodelschule; Vertreterkonferenz; Vertreterbesuch; Advent; Im Spielzeugladen; Kosakenzipfel; Weihnachten bei Hoppenstedts; Familienbenutzer)
06.10.1979	BERLINER PHILHARMONIKER I – Kanzlerfest (Die Biene; Geigen und Trompeten)
19.02.1980	Sketche für *Report*: Garderobe
18.03.1980	Sketche für *Report*: Aufbruch
05.04.1980	Sketche für *Report*: Wahlkampfabkommen
13.05.1980	Sketche für *Report*: Olympiaboykott
10.06.1980	Sketche für *Report*: Autofrei
12.08.1980	Sketche für *Report*: Wahlfernsehen
09.09.1980	Sketche für *Report*: Wahlplakate
1981	Sketche für *Report*: Frühstück (nicht gesendet)
08.09.1981	Sketche für *Report*: K 2000
08.05.1982	BERLINER PHILHARMONIKER II – Hundertjahrfeier (Rede; Hustensymphonie; Heimdirigent)
12.11.1983	Loriots 60. Geburtstag (Intro; Moderation Evelyn und Loriot; Benimmschule; Gesprächsrunde; Finale)
12.11.1988	Loriots 65. Geburtstag

12.11.1993	Loriots 70. Geburtstag (Hotelhalle; Ehepaar Braake; Zimmer 212; Etagenkellner; Der Mistmacher; Werbefernsehen; Jugendliebe; Staatsbesuch; Gästebuch; Polizeieinsatz; Vollfruchtmarmelade; Kleine Nachtmusik)
13.11.2003	Loriots 80. Geburtstag (mit: Loriot, Evelyn Hamann, Edgar Hoppe, Rudolf Kowalski, Heinz Meier, Udo Thomer, Ingeborg Heydorn; Buch und Regie: Loriot)

Film

1988: ÖDIPUSSI

(Länge: 90 Minuten / Besetzung: Loriot, Evelyn Hamann, Katharina Brauren, Edda Seippel, Richard Lauffen, April de Luca, Dagmar Biener, Rosemarie Fendel, Klaus Schultz, Heinz Meier / Drehbuch und Regie: Loriot / Produktion: Horst Wendlandt und Günter Rohrbach / Kamera: Xaver Schwarzenberger / Schnitt: Dagmar Hirz / Erstaufführung: 10. März 1988)

1991: PAPPA ANTE PORTAS

(Länge: 90 Minuten / Besetzung: Loriot, Evelyn Hamann, Gerrit Schmidt-Foß, Dagmar Biener, Ortrud Beginnen, Inge Wolffberg, Irm Hermann, Hans-Peter Korff / Drehbuch und Regie: Loriot / Produktion: Horst Wendlandt und Günter Rohrbach / Kamera: Gerard Vandenberg / Schnitt: Annette Dorn / Erstaufführung: 20.02.1992)

11. Anmerkungen

1 »Für Brandenburgs Dom« von Vicco von Bülow, *Frankfurter Allgemeine Zeitung* vom 14. Oktober 1997.

2 *Loriot*, Diogenes Verlag Zürich, Seite 16.

3 Diogenes Verlag Zürich, Seite 18.

4 http://www.presse-archiv.uni-wuppertal.de/archiv/mitteilungen/2001/LoriotDank.html.

5 »Früher war mehr Lametta«, Stephan Lebert und Hanns-Bruno Kammertöns im Gespräch mit Loriot, *Die Zeit*, 44/2008.

6 *Lebensläufe. Hermann Schreiber im Gespräch mit ...* von Hermann Schreiber, Ullstein Verlag Frankfurt/Berlin/Wien, Seite 136 ff.

7 »Nackte Frau auf Bratenplatte« von Wolfgang Hildesheimer, *Der Spiegel* 19/1973.

8 »Früher war mehr Lametta«, Stephan Lebert und Hanns-Bruno Kammertöns im Gespräch mit Loriot, *Die Zeit*, 44/2008.

9 »Alle Diemirs sind verwandt« von Angelika Bülow, in: *Loriot und die Künste*, Diogenes Verlag Zürich, Seite 29f.

10 *Lebensläufe. Hermann Schreiber im Gespräch mit ...* von Hermann Schreiber, Ullstein Verlag Frankfurt/Berlin/Wien, Seite 136 ff.

11 »Loriot«, Loriot im Gespräch mit Raimund le Viseur, *Playboy* 3/1988.

12 *Lebensläufe. Hermann Schreiber im Gespräch mit ...* von Hermann Schreiber, Ullstein Verlag Frankfurt/Berlin/Wien, Seite 136 ff.

13 *Lebensläufe. Hermann Schreiber im Gespräch mit ...* von Hermann Schreiber, Ullstein Verlag Frankfurt/Berlin/Wien, Seite 136 ff.

14 »Früher war mehr Lametta«, Stephan Lebert und Hanns-Bruno Kammertöns im Gespräch mit Loriot, *Die Zeit*, 44/2008.

15 »Sünde im Bademantel« von Vicco von Bülow, *SPIEGEL special* 9/1995.

16 *Möpse und Menschen* von Loriot, Diogenes Verlag Zürich, Seite 303.

17 »Früher war mehr Lametta«, Stephan Lebert und Hanns-Bruno Kammertöns im Gespräch mit Loriot, *Die Zeit*, 44/2008.

18 *Möpse und Menschen* von Loriot, Diogenes Verlag Zürich, Seite 23 ff.

19 »Ein Preuße, wie Gott ihn träumt« von Joachim Kaiser, *Süddeutsche Zeitung* vom 15. Februar 2008.

20 »Erich Kästner« von Loriot, in: *Loriot und die Künste*, Diogenes Verlag Zürich, Seite 75.

21 »Loriot«, Loriot im Gespräch mit Raimund le Viseur, *Playboy* 3/1988.

22 *Loriots großer Ratgeber* von Loriot, Diogenes Verlag Zürich, Seite 317.

23 *Möpse und Menschen* von Loriot, Diogenes Verlag Zürich, Seite 27.

24 Loriot im Gespräch mit Axel Corti, *III nach neun* vom 6. November 1988.

25 *Möpse und Menschen* von Loriot, Diogenes Verlag Zürich, Seite 27.

26 Loriot im Gespräch mit Axel Corti, *III nach neun* vom 6. November 1988.

27 *Abitur. 150 Jahre Zeitgeschichte in Aufsätzen prominenter Deutscher* von Birgit Lahann, *Stern*-Bücher im Verlag Gruner + Jahr AG & Co. Hamburg, 1982, Seite 193 ff.

28 »Preußisch oder Alles aus einem Geiste« von Marion Gräfin Dönhoff. In: *Loriot und die Künste*, Diogenes Verlag Zürich, Seite 41.

29 *Abitur. 150 Jahre Zeitgeschichte in Aufsätzen prominenter Deutscher* von Birgit Lahann, *Stern*-Bücher im Verlag Gruner + Jahr AG & Co. Hamburg, 1982, Seite 193 ff.

30 »Preußisch oder Alles aus einem Geiste« von Marion Gräfin Dönhoff. In: *Loriot und die Künste*, Diogenes Verlag Zürich, Seite 41.

31 »Ich resigniere nicht, aber ich leide unter den fragwürdigen Fortschritten unserer Zeit«, Fred David im Gespräch mit Loriot. In: *SonntagsZeitung* vom 4. April 1993.

32 »Der Mensch, der geht jetzt unter«, Loriot im Gespräch mit André Müller, *Die Zeit* 7/1992.

33 »Der Mensch, der geht jetzt unter«, Loriot im Gespräch mit André Müller, *Die Zeit* 7/1992.

34 »Es geht nur noch ums Geld«, Thomas Tuma im Gespräch mit Loriot, *Der Spiegel* 52/2006.

35 »Der Mensch, der geht jetzt unter«, Loriot im Gespräch mit André Müller, *Die Zeit* 7/1992.

36 »Die Geburt Loriots aus dem Geist der Musik« von Elmar Krekeler, *Welt am Sonntag* vom 28. November 2010.

37 Siehe zur Geschichte der Familie und weiteren Informationen: www.familie.von-buelow.de.

38 *Neue Deutsche Biographie*, Band 2, 1955, Verlag Duncker & Humblot, Berlin, Seite 727 ff.

39 »Das Kalenderblatt: Cosima und Hans von Bülow geschieden« von Susanne Tölke, br-online.de.

40 *Neue Deutsche Biographie*, Band 2, 1955, Verlag Duncker & Humblot, Berlin, Seite 727 ff.

41 *Loriots großer Ratgeber* von Loriot, Diogenes Verlag Zürich, Seite 318.

42 *Abitur. 150 Jahre Zeitgeschichte in Aufsätzen prominenter Deutscher* von Birgit Lahann, *Stern*-Bücher im Verlag Gruner + Jahr AG & Co. Hamburg, 1982, Seite 193 ff.

43 *Loriots großer Ratgeber* von Loriot, Diogenes Verlag Zürich, Seite 318.

44 *Möpse und Menschen* von Loriot, Diogenes Verlag Zürich.

45 *Aufbruch und Neuanfang. Schüler von Willem Grimm* von Hanna Peters, Museumsberg Flensburg (Ausstellungskatalog).

46 *Sehr verehrte Damen und Herren ...* von Loriot, Diogenes Verlag Zürich, Seite 68 ff.

47 *Sehr verehrte Damen und Herren ...* von Loriot, Diogenes Verlag Zürich, Seite 68 ff.

48 *Aufbruch und Neuanfang. Schüler von Willem Grimm* von Hanna Peters, Museumsberg Flensburg (Ausstellungskatalog).

49 *Der Maler Willem Grimm. Leben und Werk* von Margret Grimm und Harald Rüggeberg (Hrsg.), Christians Verlag Hamburg, 1989.

50 *Sehr verehrte Damen und Herren ...* von Loriot, Diogenes Verlag Zürich.

51 *Glücklich ohne Jodeldiplom* von Anna von Münchhausen, *Frankfurter Allgemeine Sonntagszeitung* vom 17. Mai 2009.

52 *Möpse und Menschen* von Loriot, Diogenes Verlag Zürich.

53 »Moooment. Das letzte Interview mit Vicco v. Bülow«, Jan Weiler und Franziska Sperr im Gespräch mit Loriot. In: *Süddeutsche Zeitung Magazin*, Nr. 25/2002.

54 *Möpse und Menschen* von Loriot, Diogenes Verlag Zürich.

55 *Vicco von Bülow alias Loriot. Werkmonografie*, Dissertation von Stefan Neumann, Wuppertal, Juli 2000, Seite 189.

56 *Möpse und Menschen* von Loriot, Diogenes Verlag Zürich.

57 *Vicco von Bülow alias Loriot. Werkmonografie*, Dissertation von Stefan Neumann, Wuppertal, Juli 2000, Seite 18.

58 Ausstellung »Loriot«, Berlin und Bonn.

59 *Möpse und Menschen* von Loriot, Diogenes Verlag Zürich, Seite 48.

60 »Ein Humorist mit großem Ernst« von Rolf Dieckmann, *stern.de* vom 12. November 2008.

61 »Fünfzig Jahre das Beste vom Stern« von Günter Dahl, *Stern* 4/1997.

62 »Ich resigniere nicht, aber ich leide unter den fragwürdigen Fortschritten unserer Zeit«, Fred David im Gespräch mit Loriot, In: *SonntagsZeitung* vom 4. April 1993.

63 *Möpse und Menschen* von Loriot, Diogenes Verlag Zürich.

64 *Vicco von Bülow alias Loriot. Werkmonografie*, Dissertation von Stefan Neumann, Wuppertal, Juli 2000, Seite 24.

65 »Ein Wort unter Freunden« von Peter Neugebauer, *stern.de* vom 6. November 2003.

66 »Ein Wort unter Freunden« von Peter Neugebauer, *stern.de* vom 6. November 2003.

67 »Haie und kleine Fische«, *Der Spiegel* 35/1990.

68 »Ein Wort unter Freunden« von Peter Neugebauer, *stern.de* vom 6. November 2003.

69 *Loriot*, Diogenes Verlag Zürich, 1993, Seite 30.

70 *Loriot*, Diogenes Verlag Zürich, 1993, Seite 30.

71 *Loriot*, Diogenes Verlag Zürich, 1993, Seite 31.

72 *Loriot. Ach was!* von Peter Paul Kubitz und Gerlinde Waz (Hrsg.), Ausstellungskatalog, Hatje Cantz, Seite 60.

73 *Loriot*, Diogenes Verlag Zürich, 1993, Seite 29.

74 *Möpse und Menschen* von Loriot, Diogenes Verlag Zürich, Seite 81.

75 *Möpse und Menschen* von Loriot, Diogenes Verlag Zürich, Seite 63.

76 *Was gibt's denn da zu lachen?* von Robert Gernhardt, Diana Verlag München, Seite 365.

77 *Vicco von Bülow alias Loriot. Werkmonografie*, Dissertation von Stefan Neumann, Wuppertal, Juli 2000, Seite 18.

78 »Lachen ohne Reue« von Dieter Ertel. In: *Loriot. Ach was!* von Peter Paul Kubitz und Gerlinde Waz (Hrsg.), Ausstellungskatalog, Hatje Cantz, Seite 72.

79 *Möpse und Menschen* von Loriot, Diogenes Verlag Zürich, Seite 186.

80 »Lachen ohne Reue« von Dieter Ertel. In: *Loriot. Ach was!* von Peter Paul Kubitz und Gerlinde Waz (Hrsg.), Ausstellungskatalog, Hatje Cantz, Seite 73.

81 »Die Stimme des Zeichners« von Stefan Lukschy. In: *Loriot. Ach was!* von Peter Paul Kubitz und Gerlinde Waz (Hrsg.), Ausstellungskatalog, Hatje Cantz, Seite 90.

82 »Cartoon. Die Anfänge oder Das Britische im Preußischen« von Timothy Moores. In: *Loriot. Ach was!* von Peter Paul Kubitz und Gerlinde Waz (Hrsg.), Ausstellungskatalog, Hatje Cantz, Seite 83.

83 »Gruß an Neufundland«, *Der Spiegel* 36/1972.

84 »Warten auf Loriot« von Gunar Ortlepp, *Der Spiegel* 8/1972.

85 »Was macht eigentlich ... Heinz Meier?«, *Stern* vom 18. November 2008.

86 »Bitte etwas angelegentlicher!« von Heinz Meier. In: *Loriot. Ach was!* von Peter Paul Kubitz und Gerlinde Waz (Hrsg.), Ausstellungskatalog, Hatje Cantz, Seite 86.

87 »Bitte etwas angelegentlicher!« von Heinz Meier. In: *Loriot. Ach was!* von Peter Paul Kubitz und Gerlinde Waz (Hrsg.), Ausstellungskatalog, Hatje Cantz, Seite 86.

88 »Was macht eigentlich ... Heinz Meier?«, *Stern* vom 18. November 2008.

89 »Loriot war knallhart«, Eva Mayer-Wolk im Gespräch mit Heinz Meier, *Spiegel* 36/2003.

90 *Stars, Kollegen und Ganoven. Eine Art Autobiographie* von Wim Thoelke, Gustav Lübbe Verlag, Bergisch Gladbach 1995, Seite 489.

91 *Stars, Kollegen und Ganoven. Eine Art Autobiographie* von Wim Thoelke, Gustav Lübbe Verlag, Bergisch Gladbach 1995, Seite 493.

92 »Gruß an Neufundland«, *Spiegel* 36/1972.

93 *Stars, Kollegen und Ganoven. Eine Art Autobiographie* von Wim Thoelke, Gustav Lübbe Verlag, Bergisch Gladbach 1995, Seite 492.

94 *Stars, Kollegen und Ganoven. Eine Art Autobiographie* von Wim Thoelke, Gustav Lübbe Verlag, Bergisch Gladbach 1995, Seite 488.

95 »Mit Komik zu tun« von Clara Menck, *Frankfurter Allgemeine Zeitung* vom 15. November 1974.

96 »Loriots Wiederkehr« von Manfred Sack, *Zeit* vom 8. November 1974.

97 »Loriots Wiederkehr« von Manfred Sack, *Zeit* vom 8. November 1974.

98 »Der Verhaltensforscher« von Jürgen Breest. In: *Loriot. Ach was!* von Peter Paul Kubitz und Gerlinde Waz (Hrsg.), Ausstellungskatalog, Hatje Cantz, Seite 106.

99 *Loriot. Die vollständige Fernsehedition*, DVD, Warner Brs., Booklet.

100 »Die wunderbar Verschrobene« von Thorsten Dörting, *Spiegel Online* vom 29. Oktober 2007.

101 »Kein Spleen hat sie je verfolgt« von Armgard Seegers, *Zeit* vom 1. Januar 1988.

102 »Mooooment. Das letzte Interview mit Vicco v. Bülow«, Jan Weiler und Franziska Sperr im Gespräch mit Loriot. In: *Süddeutsche Zeitung Magazin*, Nr. 25/2002.

103 »Zauberberg für alle« von Sibylle Zehle, *Manager Magazin* vom 26. Juni 2009.

104 »Der Verhaltensforscher« von Jürgen Breest. In: *Loriot. Ach was!* von Peter Paul Kubitz und Gerlinde Waz (Hrsg.), Ausstellungskatalog, Hatje Cantz, Seite 106.

105 »Glücklich ohne Jodeldiplom« von Anna von Münchhausen, *Frankfurter Allgemeine Sonntagszeitung* vom 17. Mai 2009.

106 »Der Umgang mit den Griceschen Konversationsmaximen in dem Dialog ›Das Ei‹ von Loriot« von Ulla Fix. In: *Beiträge zur Text- und Stilanalyse* von Angelika Feine und Hans-Joachim Siebert (Hrsg.), Europäischer Verlag der Wissenschaften, Frankfurt/Main 1996.

107 »Loriot«, Raimund le Viseur im Gespräch mit Vicco von Bülow, *Playboy* 3/1988, Seite 46.

Loriot

108 »Die Herstellung von Komik« von Patrick Süskind, *Der Spiegel* 4/1993.

109 »Mooooment. Das letzte Interview mit Vicco v. Bülow«, Jan Weiler und Franziska Sperr im Gespräch mit Loriot. In: *Süddeutsche Zeitung Magazin*, Nr. 25/2002.

110 »Der Witz der Widersprüche«, *Zeit* vom 23. Juni 1978.

111 »Der Einhandstaubsauger« von Rudolf Kowalski. In: *Loriot. Ach was!* von Peter Paul Kubitz und Gerlinde Waz (Hrsg.), Ausstellungskatalog, Hatje Cantz, Seite 88.

112 »Was macht eigentlich ... Katja Bogdanski«, Stern vom 12. November 2003.

113 »Was macht eigentlich ... Katja Bogdanski«, *Stern* vom 12. November 2003.

114 »Mooooment. Das letzte Interview mit Vicco v. Bülow«, Jan Weiler und Franziska Sperr im Gespräch mit Loriot. In: *Süddeutsche Zeitung Magazin*, Nr. 25/2002.

115 »Mooooment. Das letzte Interview mit Vicco v. Bülow«, Jan Weiler und Franziska Sperr im Gespräch mit Loriot. In: *Süddeutsche Zeitung Magazin*, Nr. 25/2002.

116 »Als Loriot in den Dom kam«, *Potsdamer Neueste Nachrichten* vom 23. August 2007.

117 *Die Regie hat das Wort* von Sabine Keck und Floria Janucci, Georg Westermann Verlag, Braunschweig 1988.

118 »Die Angst vor dem eigenen Humor« von Wolfgang Sandner, *Frankfurter Allgemeine Zeitung* vom 27. Januar 1986.

119 »Martha, Martha, du entschwandest« von Manfred Sack, *Zeit* vom 31. Januar 1986.

120 »Die Geburt Loriots aus dem Geist der Musik« von Elmar Krekeler, *Welt am Sonntag* vom 28. November 2010.

121 *Die Regie hat das Wort* von Sabine Keck und Floria Janucci, Georg Westermann Verlag, Braunschweig 1988.

122 »Die Angst vor dem eigenen Humor« von Wolfgang Sandner, *Frankfurter Allgemeine Zeitung* vom 27. Januar 1986.

123 *Horst Wendlandt. Der Mann, der Winnetou & Edgar Wallace, Bud Spencer & Terence Hill, Otto & Loriot ins Kino brachte* von Dona Kujacinski, Schwarzkopf & Schwarzkopf Verlag Berlin, 2006, Seite 342 ff.

124 »Der Faun und sein Wunschtraum«, Hellmuth Karasek im Gespräch mit Loriot, *Spiegel* 10/1988.

125 »Ein Muttersöhnchen wird entwöhnt« von Hellmuth Karasek, *Spiegel*, 10/1988.

126 »Treffen der Lebensbehinderten«, *Frankfurter Allgemeine Zeitung* vom 10. März 1988.

127 *Horst Wendlandt. Der Mann, der Winnetou & Edgar Wallace, Bud Spencer & Terence Hill, Otto & Loriot ins Kino brachte* von Dona Kujacinski, Schwarzkopf & Schwarzkopf Verlag Berlin, 2006, Seite 342 ff.

128 »Mooooment. Das letzte Interview mit Vicco v. Bülow«, Jan Weiler und Franziska Sperr im Gespräch mit Loriot. In: *Süddeutsche Zeitung Magazin*, Nr. 25/2002.

129 »Die Kunst gesamtdeutsch zu lachen. Die Ödipussi-Premiere in Ost- und Westberlin« von Günter Dahl, *Stern* vom 17. März 1988.

130 »Das Jahr 1988«, von Helmut Böger und Stefan Hauck, *bild.de* am 19. Oktober 2009.

131 »Die Kunst gesamtdeutsch zu lachen. Die Ödipussi-Premiere in Ost- und Westberlin« von Günter Dahl, *Stern* vom 17. März 1988.

132 »Begnadete Körper« von Michael Skasa, *Die Zeit* vom 18. März 1988.

133 »Ein Muttersöhnchen wird entwöhnt« von Hellmuth Karasek, *Der Spiegel*, 10/1988.

134 »Der Faun und sein Wunschtraum«, Hellmuth Karasek im Gespräch mit Loriot, *Spiegel* 10/1988.

135 *Horst Wendlandt. Der Mann, der Winnetou & Edgar Wallace, Bud Spencer & Terence Hill, Otto & Loriot ins Kino brachte* von Dona Kujacinski, Schwarzkopf & Schwarzkopf Verlag Berlin, 2006, Seite 375.

136 »Die Villa des Grauens« von Robin Detje, *Die Zeit* vom 22. Februar 1991.

137 »Der richtige Ton oder Die hohe Kunst Nein zu sagen« von Irm Hermann, In: *Loriot. Ach was!* von Peter Paul Kubitz und Gerlinde Waz (Hrsg.), Ausstellungskatalog, Hatje Cantz, Seite 124.

138 »Die Villa des Grauens« von Robin Detje, *Die Zeit* vom 22. Februar 1991.

139 »Komik in Kukident« von Peter Stolle, *Der Spiegel* 8/1991.

140 *Vicco von Bülow alias Loriot. Werkmonografie*, Dissertation von Stefan Neumann, Wuppertal, Juli 2000, Seite 53.

141 »Wo steckt denn der kluge Kopf?« von Sibylle Weischenberg, *Gala* 50/1997.

142 »Qualität, die ausgezeichnet wird«, *Süddeutsche Zeitung* 6./7. März 1999.

143 http://www.presse-archiv.uni-wuppertal.de/archiv/mitteilungen/2001/LoriotEhrendoktor.html.

144 http://www.presse-archiv.uni-wuppertal.de/archiv/mitteilungen/2001/LoriotLaudatio.html.

145 http://www.presse-archiv.uni-wuppertal.de/archiv/mitteilungen/2001/LoriotDank.html.

146 *Irren und Wirren von Loriot*, Tintenfass Nummer 29, Diogenes Verlag Zürich.

147 »Es geht nur noch ums Geld«, Thomas Tuma im Gespräch mit Loriot, *Spiegel* 52/2006.

148 »Vom Zeichner zur TV-Legende«, *Focus Online*, 15. April 2009.

Das Beste aus Deutschlands legendärer Satirezeitung

Experten sprachlos, keine hat DAS vorausgesehen! Du wirst nie glauben, was ein Leser Unfassbares erlebt hat, als er dieses Buch ...

192 Seiten
9,99 € (D)
ISBN 78-3-7423-1925-8

Der Postillion

Ehrliche Nachrichten – unabhängig, schnell, seit 1845

Was wusste Gott über den Missbrauchsskandal in der katholischen Kirche wirklich? Was hat die geniale Erfindung Nasopax mit besserem Schlaf zu tun? Und was macht man jetzt eigentlich mit dem ganzen gehamsterten Klopapier?Der Postillon ist das beliebteste deutsche Satiremagazin im Internet und einer der erfolgreichsten deutschen Blogs – mit täglich rund 200.000 Lesern. Allein die Facebook-Seite des Postillon hat über 2,8 Millionen Fans – und damit mehr als der Facebook-Auftritt der Bild-Zeitung. Alle bisher erschienenen Postillon-Bücher sind Bestseller. Dieses neue Buch beinhaltet die besten und beliebtesten Artikel des letzten Jahres.

riva